„1968" – Eine Wahrnehmungsrevolution?

Zeitgeschichte im Gespräch Band 16

Herausgegeben vom Institut für Zeitgeschichte

Redaktion:
Bernhard Gotto, Andrea Löw und Thomas Schlemmer

„1968“ – Eine Wahrnehmungsrevolution?

Horizont-Verschiebungen des Politischen
in den 1960er und 1970 Jahren

Herausgegeben von
Ingrid Gilcher-Holtey

Oldenbourg Verlag München 2013

Lektorat: Gabriele Jaroschka
Herstellung: Karl Dommer
Titelbild: Internationaler Vietnam-Kongress am 17./18. Februar 1968 in West-Berlin (erste Reihe von links nach rechts: Johannes Agnoli, Christian Semler, Gaston Salvatore, Rudi Dutschke, Günter Amendt, unbekannt, Karl Dietrich Wolff, unbekannt, Tariq Ali). Photographin: Gisela Groenewold (Hamburg); abgedruckt in: Wolfgang Kraushaar (Hrsg.), Frankfurter Schule und Studentenbewegung. Von der Flaschenpost zum Molotowcocktail 1946-1995, Bd. 1: Chronik, Hamburg 1998, S. 297.
Einbandgestaltung: hauser lacour

Bibliografische Information der Deutschen Nationalbibliothek
Die Deutsche Nationalbibliothek verzeichnet diese Publikation in der Deutschen Nationalbibliografie; detaillierte bibliografische Daten sind im Internet über http://dnb.d-nb.de abrufbar.

Rosenheimer Straße 143, 81671 München/Deutschland
www.oldenbourg-verlag.de
Ein Unternehmen von De Gruyter

Gedruckt in Deutschland

Dieses Papier ist alterungsbeständig nach DIN/ISO 9706.

ISBN 978-3-486-71872-0
eISBN 978-3-486-75255-7

Inhalt

Ingrid Gilcher-Holtey

Einleitung

Ist „68" „kulturell erfolgreich" gewesen, aber „politisch gescheitert"? Geflügelten Worten gleich hat sich diese Redensart in die „Gemeinplätze" eingeschrieben, die 45 Jahre nach den Ereignissen über das soziale Phänomen „68" kursieren und dazu tendieren, sich einer methodischen Begründung zu entziehen. Weit davon entfernt, eine Epochen-, Zeitenwende oder Zäsur in der Geschichte der Nachkriegszeit herbeigeführt zu haben, wird „68" als beschleunigender Faktor in einem dynamischen Modernisierungs- und Reformprozess angesehen, der die „langen 1960er Jahre" kennzeichne. Was „68" gewesen ist, wer die „68er" waren, bleibt dabei in der Regel ebenso un- beziehungsweise unterbestimmt wie der Politikbegriff, aus dem das Scheitern abgeleitet wird: die Gleichsetzung von Politik mit politischen Institutionen und Entscheidungsprozessen.

Häufig als Generationsrevolte etikettiert, ist „68" als solche nicht hinreichend charakterisiert. Bildete die 68er-Generation sich doch erst *ex post* unter Bezugnahme auf eine Jahreszahl, in die sich, wie Hans Magnus Enzensberger konstatierte, „das Imaginäre eingesiedelt" hatte[1]. Analytisch lassen sich die Proteste, die 1968 in den meisten westlichen Industrieländern kulminierten, als soziale Bewegungen charakterisieren. Soziale Bewegungen werden gefasst als „ein auf gewisse Dauer gestelltes und durch kollektive Identität abgestütztes Handlungssystem mobilisierter Netzwerke von Gruppen und Organisationen, welche sozialen Wandel mittels öffentlicher Proteste herbeiführen, verhindern oder rückgängig machen wollen"[2]. Unter sozialem

[1] Hans Magnus Enzensberger, Erinnerungen an einen Tumult. Zu einem Tagebuch aus dem Jahre 1968, in: Rudolf Sievers (Hrsg.), 1968. Eine Enzyklopädie, Frankfurt a.M. 2008, S. 23–26, hier S. 23.

[2] Dieter Rucht, Öffentlichkeit als Mobilisierungsfaktor für soziale Bewegungen, in: Friedhelm Neidhardt (Hrsg.), Öffentlichkeit, öffentliche Meinung, soziale Bewegungen, Opladen 1994, S. 337–358, hier S. 338f. (KZfSS, Sonderheft 34); vgl. auch Friedhelm Neidhardt/Dieter Rucht, The Analysis of Social Movements. The State of the Art and Some Perspectives of Further Research, in: Dieter Rucht (Hrsg.), Research on Social Movements. The State of the Art in Europe and the USA, Frankfurt a.M. 1991, S. 421–464, hier S. 450; Roland Roth/Dieter Rucht, Einleitung zu: dies., (Hrsg.), Die sozialen Bewegungen in Deutschland seit 1945. Ein Handbuch, Frankfurt a.M. 2008, S. 10–36; Mayer N. Zald (Hrsg.), The dynamics of Social Movements: Ressource Mobilization, Social Control und Tactics, Cambridge/Mass. 1979; Mayer N. Zald/John D. McCarthy, Social Movement in an Organizational Society. Collective Essays, New Brunswick 1990.

Wandel als analytischer Kategorie werden Veränderungen im sozialökonomischen, politischen oder sozialkulturellen Bereich verstanden, die Institutionen, Verhaltensmuster, Wert- und Normsysteme sowie Lebenspraktiken betreffen können. Das Problem besteht in der Zurechenbarkeit von strukturellen Veränderungen zu den Aktivitäten sozialer Bewegungen. Soziale Bewegungen sind sowohl Produkt als auch Produzent sozialen Wandels. Der vielfach vorgenommene Vergleich mit einem Katalysator bleibt subkomplex, insofern er die innovativen Impulse, kreative Schubkraft und Eigendynamik von Bewegungen ausblendet. Letztere zu akzentuieren, bedeutet nicht, die Wirkung sozialer Bewegungen von langfristigen Entwicklungstendenzen abzukoppeln, sondern ihren eigenständigen Beitrag auszuloten, konkret, sie als strukturierten und strukturierenden Faktor im Prozess sozialen Wandels zu analysieren. Wer die „langen 60er Jahre" gegen eine 68er-Forschung ausspielt, die die soziale Bewegung ins Zentrum rückt, führt ein Scheingefecht.

Die sechs Studien, die sich in diesem Band von „Zeitgeschichte im Gespräch" vorstellen, gehen von der Prämisse aus, dass sich die Wirkungen sozialer Bewegungen monokausaler Zuschreibung entziehen. Sie nehmen, um die Zurechnungsfrage zu problematisieren sowie Effekte und Wirkungen zu präzisieren, Konstellationsanalysen vor. Sie untersuchen – in von Fall zu Fall unterschiedlicher Gewichtung – die Wirkung der 68er-Bewegung auf ausgewählte kulturelle Institutionen, die Vermittlung der Leitideen der Bewegung in diesen und durch sie sowie die Prägung, die die 68er-Bewegung selbst durch Entwicklungen im Feld der kulturellen Produktion (immanente Entwicklungstendenzen, gegenläufige Interessen, Gelegenheitsstrukturen, Rahmungen) erfuhr. Alle Fallstudien teilen die Prämisse, dass es Homologien und Wechselwirkungen zwischen dem Feld der kulturellen Produktion und dem politischen Feld gibt. In diesem Lichte erscheint die Dichotomie von „kulturell erfolgreich" und „politisch gescheitert" trotz der Eigenlogik der Felder fragwürdig, werden doch in beiden Feldern – dem politischen Feld sowie dem Feld der kulturellen Produktion – Auseinandersetzungen um Sicht- und Teilungskriterien der sozialen Welt geführt.

Geht man davon aus, dass die soziale Welt zweimal existiert, in den Dingen und in den Köpfen, auf der Ebene der objektiven Gegebenheiten und der symbolischen Repräsentation, dann bilden Wahrnehmungs-, Denk- und Klassifikationsschemata einen zentralen Bestandteil der sozialen Realität und fällt den Kulturproduzenten eine besondere Rolle im symbolischen Kampf um die legitime Sichtweise zu. Partizipieren sie doch aufgrund ihrer Macht, soziale Realität zu benennen, zu repräsentieren und zu deuten, an den symbolischen Kämpfen um Konstruktions- und Bewertungsschemata der sozialen Welt. Das Politische beginnt, folgt man dem französischen Soziologen Pierre Bourdieu, dort, wo Wahrnehmungs- und Klassifikationsschemata, Sicht- und Teilungskriterien der sozialen Welt infrage gestellt und durch subversive und performative Diskurse Zeichen gesetzt werden, welche die Aufkündigung des stillschweigenden Einverständnisses mit den etablierten Strukturen signalisieren[3]. Gelingt es, etablierte Sehweisen aufzubrechen, eine Horizont-Verschiebung einzuleiten, kann dies, so die Prämisse dieses Bandes, zu einer Wahrnehmungsrevolution führen.

Dem häretischen Bruch mit der bestehenden Ordnung geht, wie Bourdieu schreibt, die Konversion der Weltsicht durch „kognitive Subversion“ voraus. Politische Auseinandersetzung ist, aus dieser Perspektive, ein „kognitiver (praktischer und theoretischer) Kampf um die Macht, die legitime Sicht der sozialen Welt durchzusetzen“. Diesen Machtkampf nennt Bourdieu „Politik der Wahrnehmung“, „die darauf abzielt, durch Verändern oder Konservieren der Kategorien, vermittels deren die Ordnung der Dinge wahrgenommen, und der Worte, in denen sie ausgedrückt wird, diese Ordnung selbst zu erhalten oder umzustürzen“[4]. Die „Politik der Wahrnehmung“ wird in spezialisierten Feldern des sozialen Raumes – der Politik, Bürokratie, Rechtsprechung oder kulturellen Produktion – ausgetragen. Im politischen Feld oft unter Rückgriff auf Prophezeiungen und Prognosen geführt, können die symbolischen Kämpfe auch dazu beitragen, dass sich soziale Gruppen bilden.

Eine „Politik der Wahrnehmung“ verfolgte auch die Neue Linke, die in den westlichen Industrieländern zu den zentralen, den Mobilisierungsprozess anstoßenden und strukturierenden Trägergruppen der 68er-Bewegungen gehörte. Mit performativen, provokativen, direkten Aktionen und der Strategie der „begrenzten Regelverletzung“ versuchte sie, die Sehweise auf die etablierte Ordnung zu verändern. So schritt sie gegen die „immaterielle Verelendung“ ein, das „Schwinden der politischen Möglichkeiten des einzelnen“, bedingt durch das Schwinden der Vorstellung, die Welt könne eine andere sein[5]. Sie erweiterte den Raum des Möglichen durch Infragestellung, Sub-

[3] Vgl. die Arbeiten von Pierre Bourdieu: Sozialer Raum und „Klassen“. Leçon sur la Leçon. Zwei Vorlesungen, Frankfurt a.M. 1985, S.7–46, hier S.18f.; Was heißt sprechen? Die Ökonomie des sprachlichen Tausches, Wien 1990, S.131; Das politische Feld. Zur Kritik der politischen Vernunft, Konstanz 2001, S.93ff.

[4] Pierre Bourdieu, Meditationen. Zur Kritik der scholastischen Vernunft, Frankfurt a.M. 2001, S.237f.; zum Folgenden vgl. ebenda, S.236.

[5] Hans Magnus Enzensberger, Bewußtseins-Industrie, in: ders., Einzelheiten I. Bewußtseins-Industrie, Frankfurt a.M. 1964, S.7–17, hier S.14.

version und Redefinition von etablierten Sicht- und Teilungskriterien der sozialen Welt.

Die kognitive Orientierung der Neuen Linken wurde in intellektuellen Zirkeln entwickelt, deren Mitglieder sich von der alten Linken – den sozialdemokratischen, sozialistischen und kommunistischen Parteien – bereits am Ende der 1940er Jahre und Ende der 1950er Jahre losgesagt hatten beziehungsweise aus diesen Parteien ausgeschlossen worden waren. Um Zeitschriften wie die „New Left Review“ in London, „Socialisme ou Barbarie“, „Arguments“ oder „Internationale Situationniste“ in Frankreich, „Argument“ in Deutschland oder „Quaderni Piacentini“ in Italien gruppiert, nahmen diese dissidenten Intellektuellen eine grundlegende Revision der Sozialismusvorstellungen der alten Linken, ihrer Transformationsstrategien und Organisationskonzeptionen sowie ihrer Vorstellungen vom Träger sozialen Wandels vor[6]. Was sie in Bewegung setzten, waren Ideen. Die Neue Linke akzentuierte die Entfremdung in der Produktions- und Alltagssphäre, nicht die Ausbeutung. Ihr Ziel war, die Entfremdung aufzuheben durch Selbstbestimmung und Selbstverwaltung, durch den Abbau von Herrschaft und Hierarchien. Veränderungen im kulturellen Bereich, so die zentrale Prämisse, sollten der politischen und sozialen Transformation vorausgehen, neue Kommunikations- und Lebensformen antizipatorisch und experimentell entfaltet werden durch die Schaffung von neuen Kulturidealen und deren Umsetzung in Subkulturen sowie ihre Erprobung als „Gegenmacht“ innerhalb bestehender Institutionen. Aufgegeben wurde schließlich die Vorstellung vom Proletariat als revolutionärem, den Transformationsprozess der Gesellschaft vorantreibenden Subjekt. Die Neue Linke wollte Bewegung sein, nicht Partei. Sie brach mit der Tradition sozialer Bewegungen als Klassenbewegungen und zeichnete einen neuen Typus sozialer Bewegungen vor.

Konkrete Gestalt und Mobilisierungsdynamik im politischen Feld gewannen die Vorgaben der dissidenten Intellektuellen der Neuen Linken, als studentische Gruppen sich in der ersten Hälfte der 1960er Jahre darauf zu beziehen begannen. „Politik ist“, so die These Bourdieus, „ein Kampf um Ideen, aber einen ganz besonderen Typ von Ideen *(idées forces)*, die als Mobilisierungskraft fungieren“[7]. Ob sich Leitideen durchsetzen, wird demnach nicht nach Wahrheitskriterien entschieden, sondern vielmehr durch die Kraft, die all diejenigen ihnen verleihen, die sich ihnen anschließen.

[6] Zur kognitiven Konstitution der intellektuellen Neuen Linken vgl. Ingrid Gilcher-Holtey, „Die Phantasie an die Macht“. Mai 68 in Frankreich, Frankfurt a. M. [2]2001, S. 44–95.

[7] Bourdieu, Feld, S. 51; zum Folgenden vgl. ebenda, S. 93.

Entscheidend wirke der Grad ihrer Anerkennung durch große und starke Gruppen, die sich in ihnen wiedererkennen und deren Interessen sie ausdrücken. Die Leitideen der Neuen Linken erwiesen sich als anschlussfähig für heterogene soziale Gruppen, so dass sich je nach Land in der 68er-Bewegung unterschiedliche Teilbewegungen im Mobilisierungsprozess verknüpften. Die 68er-Bewegungen wiesen jedoch, trotz je spezifischer nationaler Anlässe und Ursachen, übergreifende Gemeinsamkeiten auf. Dazu gehörte ihre globale Zielorientierung, ihre den Raum des Nationalstaats transzendierende Kritik an supranationalen Institutionen und Machtkonstellationen (NATO, amerikanischer und sowjetischer Imperialismus) ebenso wie die transnationale Vernetzung ihrer Trägergruppen und die Synchronisation ihrer Protestaktionen. Gemeinsam war den Bewegungen zudem eine Vorstellung von Macht, die sich nicht auf den Staat/Leviathan beschränkte, sondern alle gesellschaftlichen Teilbereiche durchzog. Nicht die Eroberung von politischer Macht, sondern die Bildung von Gegenmacht, Gegeninstitutionen, Gegenöffentlichkeit stand im Zentrum ihrer Aktions- und Transformationsstrategien.

Die intellektuelle Neue Linke und ihre studentischen Trägergruppen vermittelten dergestalt ein neues Verständnis von Politik, das darauf zielte, Missstände nicht einfach in die etablierten Kanäle von Politik abzuleiten, sondern sich ihrer anzunehmen, sie zu artikulieren, auf sie aufmerksam zu machen, Wege und Mittel ihrer Lösung zu reflektieren und Lösungswege experimentell – frei nach der Maxime „Der Weg ist das Ziel" – zu erproben. Die Neue Linke setzte mithin auf die Politisierung der Gesellschaft „von unten". Ihr Politikverständnis überschnitt sich mit dem der Bürgerbewegung in Prag. Beide zielten darauf, Macht- und Autoritätsstrukturen jenseits des Leviathans aufzudecken, beide setzten auf die Macht gesellschaftlicher Gruppen, der Zivilgesellschaft, gegen den Etatismus. Das Politische von seiner Gleichsetzung mit dem Staat und seinen Institutionen lösend, knüpfte die Neue Linke – wie zuvor auch Hannah Arendt – die politische Auseinandersetzung an einen öffentlichen Raum, an „das urteilende Begutachten und Bereden der gemeinsamen Welt und der Entscheidungen darüber, wie sie weiterhin aussehen und auf welche Weise in ihr gehandelt werden soll"[8]. Kurzum: Das Politische akzentuierend, befürwortete die Neue Linke „eine Form kollektiven Handelns, die sich implizit von der Ausübung *der* Politik" unterschied, insofern sie sich auf ein Gemeinwesen bezog, das sich jenseits

[8] Hannah Arendt, Kultur und Politik (1958), in: dies., Zwischen Vergangenheit und Zukunft. Übungen im politischen Denken I, hrsg. von Ursula Ludz, München 1994, S. 277–304, hier S. 300.

der Konkurrenz der Parteien und Verbände um die Ausübung von Macht sowie jenseits der staatlichen Willensbildungs- und Entscheidungsprozesse konstituierte[9]. Ihre Leitideen waren „participatory democracy", „autogestion", Selbstverwaltung/Mitbestimmung einerseits und Selbstbestimmung/Selbstverwirklichung andererseits. Welche Spuren haben sie hinterlassen? Haben sie die Wahrnehmungs- und Klassifikationsschemata der sozialen Welt verändert? Führten sie eine Horizont-Verschiebung herbei? Wandelten sich infolge veränderter Wahrnehmungsschemata die Einstellung zur Gesellschaft und das Handeln in der Gesellschaft?

***

Die sechs Studien dieses Bandes, die zwischen 2001 und 2012 im Rahmen des Bielefelder Sonderforschungsbereichs „Das Politische als Kommunikationsraum in der Geschichte" innerhalb des Teilprojekts „1968 – Ein Kommunikationsereignis" entstanden sind, loten die Strukturveränderungen und Grenzverschiebungen des Politischen in den 1960er und 1970er Jahren aus. Sie wenden sich folgenden Themen zu: dem Theater als potentiellem Medium der Inszenierung des Politischen, dem Fernsehen als Vermittler und Akteur gesellschaftlicher Proteste, dem Verhältnis von Literatur und Politik am Beispiel des „Kursbuchs", den literarischen Produktionsverhältnissen am Beispiel eines alternativen Verlags, den Auseinandersetzungen in den Redaktionen ausgewählter Zeitungen infolge der Protestbewegung sowie schließlich den Deutungskämpfen um die „wahre" Erinnerung an „68". Die Studien werden in diesem Band präsentiert, um die Projektergebnisse pointiert zur Diskussion zu stellen. Die Rolle der Kommentatoren haben mit Udo Wengst und Philipp Gassert zwei ausgewiesene Experten der Geschichte der Bundesrepublik und der 68er-Bewegung übernommen. Ihnen gilt mein besonderer Dank.

Bielefeld, den 1. Juni 2012

[9] Pierre Rosanvallon, Pour une histoire conceptuelle du politique, Paris 2003, S. 14, hier zitiert nach der deutschen Übersetzung von Oliver Marchart, Die politische Differenz. Zum Denken des Politischen bei Nancy, Lefort, Badiou, Laclau und Agamben, Frankfurt a. M. 2012, S.13.

Henning Marmulla

Hans Magnus Enzensberger und das „Kursbuch"

1. Das „Kursbuch" um „68" – eine doppelte Wahrnehmungsrevolution

Eine beliebte Strategie, um Positionen und ihre Urheber zu diskreditieren und damit mundtot zu machen, besteht darin, unbequeme Argumente falsch wiederzugeben und sie somit aus dem Raum der rationalen Auseinandersetzung in den Vorhof der Absurdität zu überführen. Wer einen Gegner als verrückt, weltfremd oder naiv präsentiert und damit beim Publikum auf Zustimmung stößt, kann sich die Auseinandersetzung ersparen und an alten Positionen festhalten. Das gelingt dort besonders gut, wo Fantasie ins Spiel kommt. Die Geschichte ist voller Beispiele von Menschen mit Fantasie, deren alternative Denk- und Weltentwürfe die etablierte Ordnung infrage stellten und die deswegen aus dem Raum der Debatte ausgeschlossen wurden. Der 68er-Bewegung hat man vorgeworfen, eine sozialistische Gesinnungsdiktatur errichten zu wollen[1]. Hans Magnus Enzensberger sagen manche bis heute nach, er habe die Literatur im Jahre 1968 töten wollen[2]. Hervorzuheben ist indes, dass die Stellungnahmen von Akteuren der Bewegung und die von Enzensberger vor allem auf eines zielten: durch die Veränderung der Wahrnehmung der Welt mittels Fantasie diese Welt zu verändern. Ihrer Vorstellung von einer anderen Welt, die sie der bestehenden Ordnung entgegensetzten, entsprach weder die Welt sozialistischer Diktatur noch eine Welt ohne Literatur. Ein frischer Blick auf ihre gedachten Ordnungen nach fast 45 Jahren lohnt noch immer. Die Strategie, die beide wählten, um sie zu realisieren, lässt sich als Wahrnehmungsrevolution charakterisieren.

Geht man mit Pierre Bourdieu davon aus, dass Vorstellungen Teil der sozialen Realität sind und die Utopie, der Plan oder das Programm als

[1] Vgl. Helmut Schelsky, Die Arbeit tun die anderen: Klassen- und Priesterherrschaft der Intellektuellen, Opladen 1975.

[2] Insbesondere unter Verweis auf Hans Magnus Enzensberger, Gemeinplätze, die Neueste Literatur betreffend, in: Kursbuch 15/1968, S. 187–197. Vgl. auch Christian Linder, Der lange Sommer der Romantik. Über Hans Magnus Enzensberger, in: Hans Christoph Buch (Hrsg.), Literatur nach dem Tod der Literatur. Bilanz der Politisierung Reinbek 1975, S. 85–107 (Literaturmagazin 4).

„performative Vorher-Sage" zur Realität dessen beitragen, was sie verkünden, fällt den Sehweisen der sozialen Welt – Denk-, Wahrnehmungs- und Klassifikationsschemata – eine zentrale Rolle im Prozess der Transformation der Gesellschaft zu[3]. Verschiedene Wahrnehmungsschemata, die zu Anfang der 1960er Jahre fix zu sein schienen, tastete der 1929 in Kaufbeuren geborene Hans Magnus Enzensberger an. Und auch die 68er-Bewegung hatte es sich zum Ziel gesetzt, Schablonen aufzubrechen, mit denen die Welt der 1960er Jahre wahrgenommen wurde. Es gab zahlreiche Berührungspunkte zwischen dem „Kursbuch"-Herausgeber Enzensberger, der zwischen 1965 und 1970 gemeinsam mit seinem kongenialen Redakteur Karl Markus Michel diese Zeitschrift im Suhrkamp Verlag verantwortete, und der 68er-Bewegung. Sowohl der Schriftsteller als auch die Bewegungsakteure waren beispielsweise der Überzeugung, dass Schablonen wie das Denken in den Koordinaten des Ost-West-Konflikts inadäquat seien. Die Akteure der Bewegung und die Macher des „Kursbuchs" nahmen in ihrer jeweiligen Arbeit aufeinander Bezug und beeinflussten sich. Beide waren zugleich inspiriert von den Ideen der Neuen Linken, die seit Ende der 1950er, Anfang der 1960er Jahre zunehmend Begeisterung unter Teilen einer antiautoritären Linken auslösten. Ideen formen Wahrnehmung, kritische Ereignisse können Wahrnehmungen synchronisieren, gleiche Wahrnehmung kann zu gemeinsamen Handlungen führen. Das „Kursbuch" um „68", der zentrale Gegenstand meines Dissertationsprojekts[4], wirkte als Forum und Produzent einer Wahrnehmungsrevolution. Wie kam es dazu?

Folgt man Pierre Bourdieu, so wird über die Wahrnehmungsschemata der sozialen Welt im politischen Feld debattiert und entschieden. In diesem Feld werden die „symbolischen und politischen Kämpfe um den *nomos*" geführt, die, so Bourdieu, die Formulierung und Durchsetzung der legitimen Sicht- und Teilungskriterien zum Inhalt haben[5]. Das heißt, wie wir die Welt wahrnehmen, wird bestimmt durch die im politischen Feld artikulierten und umkämpften Deutungsangebote der darin konkurrierenden Akteure. Sobald die dort formulierten und durch symbolische und sprachliche Prozesse in die Köpfe der Akteure inkorporierten Wahrnehmungs-

[3] Pierre Bourdieu, Was heißt sprechen? Die Ökonomie des sprachlichen Tausches, Wien 1990, S. 104ff.

[4] Vgl. Henning Marmulla, Enzensbergers Kursbuch. Eine Zeitschrift um 68, Berlin 2011.

[5] Pierre Bourdieu, Das politische Feld. Zur Kritik der politischen Vernunft, Konstanz 2001, S. 51. Akteure im politischen Feld sind nicht nur die Politiker, sondern auch Journalisten, Publizisten, Intellektuelle oder soziale Bewegungen.

schemata infrage gestellt werden, beginnt ein Kampf um das Politische, das immer mehr ist als Politik – ein Kampf, der nicht nur im politischen Feld, sondern tendenziell in allen Feldern ausgetragen werden kann. Zu den „spezialisierten Feldern" innerhalb des sozialen Raumes, in denen theoretische Kämpfe um die Konstruktion der sozialen Welt ausgetragen werden, gehören neben dem politischen das bürokratische und das juristische Feld sowie das Feld der kulturellen Produktion.

> „Es ist dies in gewisser Weise eine Politik der Wahrnehmung, die darauf abzielt, durch Verändern oder Konservieren der Kategorien, vermittels deren die Ordnung der Dinge wahrgenommen, und der Worte, in denen sie ausgedrückt wird, diese Ordnung selbst zu erhalten oder umzustürzen: Die Anstrengung, die Wahrnehmung zu informieren und anzuleiten, und die Anstrengung, die praktische Erfahrung der Welt zu formulieren, gehen Hand in Hand, da der symbolische Kampf auch um die Macht des Erkennens geführt wird, das heißt um die Macht über die einverleibten Instrumente des Erkennens, um die Wahrnehmungs- und Bewertungsschemata der sozialen Welt, um die Prinzipien der Ordnung, die zu einem gegebenen Zeitpunkt die Sicht der Welt (Reiche/Arme, Weiße/Schwarze, Inländer/Ausländer usw.) festlegen, und um die von dieser Macht implizierte Macht, sehen und glauben zu machen."[6]

Die politische Auseinandersetzung wird geführt als praktischer und theoretischer Kampf um die Macht, die legitime Sicht auf die soziale Welt durchzusetzen. Das Politische beginnt, wie Ingrid Gilcher-Holtey in der Einleitung schreibt, mit der „Aufkündigung des stillschweigenden Einverständnisses mit den etablierten Strukturen"[7]. Es manifestiert sich in subversiven und performativen Diskursen, die vorherrschende Wahrnehmungs- und Klassifikationsschemata der sozialen Welt infrage stellen und andere, neue Sicht- und Teilungskriterien aufscheinen lassen. Das Interessante an Bourdieus Konzeptionalisierung des Politischen besteht darin, dass sie auch das literarische Feld in die Analyse um die legitimen Sicht- und Teilungskriterien der sozialen Welt einbezieht und den Schriftstellern und Intellektuellen bei der Konstruktion von Wahrnehmungs-, Denk- und Klassifikationsschemata der sozialen Welt eine Schlüsselrolle zuschreibt.

Mich haben bei der Analyse des „Kursbuch" daher insbesondere die Momente interessiert, in denen Enzensberger, die Autoren seiner Zeitschrift und die Akteure der 68er-Bewegung spezifische Sicht- und Teilungskriterien der sozialen Welt infrage stellten. Die These lautet, dass im „Kursbuch" eben diese Infragestellung kontinuierlich betrieben wurde. In dieser Perspektive war das „Kursbuch" Forum und Produzent einer Wahrnehmungs-

[6] Pierre Bourdieu, Meditationen. Zur Kritik der scholastischen Vernunft, Frankfurt a.M. 2001, S. 239.
[7] Einleitung zu diesem Band, S. 9.

revolution. Angefangen bei der Transzendierung der in den Augen Enzensbergers überkommenen Einteilung der sozialen Welt entlang nationalstaatlicher Grenzen über die Nivellierung des Gegensatzes von Literatur und dem Politischen (nicht Literatur und Politik) bis hin zur Frage, ob die Division der Welt in eine kapitalistische und eine kommunistische ein adäquates Beschreibungsmodell sei, betrieb er diese Wahrnehmungsirritationen. Das verband ihn mit den internationalen 68er-Bewegungen, die ja ebenfalls den Raum des Möglichen „durch Subversion und Redefinition von etablierten Sicht- und Teilungskriterien der sozialen Welt" erweiterten[8]. Und so ging es um 1968 durch das glückliche Zusammenspiel von Bewegung und „Kursbuch" um nichts weniger als um eine doppelte Wahrnehmungsrevolution.

Ein Klassifikationsmuster, an dem Enzensberger sich von Beginn an abgearbeitet hat, war das der Einteilung der Welt in nationale Kategorien. Als Teil einer international konstituierten Gruppe von Intellektuellen entdeckte Enzensberger die Überkommenheit des Nationalstaatlichen, ja, die Gefahr, die es in sich barg. Daher galt es und gilt es für ihn bis heute, die Wahrnehmung der Welt als eine national dividierte zu überwinden. Denn: „Warum überhaupt Völker sind und nicht einfach Leute, weiß ich nicht."[9]

2. Die Nation überwinden. Die „Revue Internationale"

Als ich meine Forschungsarbeit begann und ein „Kursbuch"-Heft nach dem anderen las, fiel mir relativ schnell auf, dass es einen ganz besonderen Aspekt gab, der das „Kursbuch" von den meisten anderen Kulturzeitschriften seiner Zeit unterschied: die wirklich internationale Ausrichtung der Zeitschrift. Und damit ist nicht nur gemeint, dass im „Kursbuch" in jeder Ausgabe Autoren zu Wort kamen, die nicht aus Deutschland stammten oder in Deutschland lebten, sondern auch, dass viele der behandelten Themen aus einer internationalen Perspektive wahrgenommen und analysiert wurden. Während eines Forschungsaufenthaltes an der *Maison des Sciences de l'Homme* in Paris entdeckte ich kurze Zeit später aus Zufall eine Sondernummer der Zeitschrift „Lignes", die einem Projekt gewidmet war, das sich „Revue Internationale" nannte. Ich las, dass Enzensberger einer der Hauptverantwortlichen dieses Projekts war, und so verschlang ich diese

[8] Vgl. dazu die Einleitung zu diesem Band, S. 9f.

[9] Hans Magnus Enzensberger, Darmstadt, am 19. Oktober 1963 (1963), in: ders., Deutschland, Deutschland unter anderm. Äußerungen zur Politik, Frankfurt a.M. 1967, S. 14–26, hier S. 16.

Dokumentation natürlich sofort[10]. Wie sich herausstellte, kann man dieses Projekt, diese internationale Zeitschrift, als den Vorläufer des „Kursbuchs" bezeichnen.

Die „Revue Internationale" war eine wunderbare Idee, die niemals realisiert wurde. Es waren meistens – die Zahl changierte – jeweils sieben zentrale Akteure aus Italien, Frankreich und der Bundesrepublik, die an den Vorbereitungen zur „Revue Internationale" beteiligt waren[11]. Die „Revue Internationale" sollte alle zwei bis drei Monate mit identischem Inhalt in Italien, Frankreich und Deutschland in der jeweiligen Landessprache veröffentlicht werden. Die italienische Ausgabe sollte bei Einaudi erscheinen, für die französische war zunächst Gallimard im Gespräch, dann Julliard, für die deutsche zunächst der S. Fischer Verlag, später der Suhrkamp Verlag. Vorangegangen war den Planungen eine Episode, in der die Idee einer Überwindung des Nationalstaatlichen grundgelegt wurde: Es ging um das Manifest der 121.

Nachdem in diesem Manifest zunächst 121, später etwa 500 Intellektuelle mit ihrer Unterschrift den Algerienkrieg als rassistisch-ideologisch motiviertes Verbrechen interpretiert, ihre Solidarität mit der algerischen Befreiungsbewegung erklärt und die Desertion französischer Soldaten gerechtfertigt hatten, wurden im Spätsommer 1960 in Frankreich Häuser durchsucht, Beamte und Akademiker entlassen, Schriftsteller und Künstler boykottiert, TV- und Radiojournalisten angeklagt und viele Kulturschaffende verurteilt. Mit Erlass vom 29. September 1960 war die französische Regierung ermächtigt, jeden Beamten provisorisch zu suspendieren, „der eine Verweigerung

[10] Vgl. Lignes 11 (1990): Le Dossier de „La Revue Internationale". Natürlich suchte ich daraufhin Sekundärliteratur zu diesem Projekt. Doch es stellte sich heraus, dass niemand dazu intensiv gearbeitet hatte. Vgl. Uwe Johnson/Siegfried Unseld, Der Briefwechsel, hrsg. von Eberhard Fahlke und Raimund Fellinger, Frankfurt a. M. 1999, S. 1094–1136; Bernd Neumann, Uwe Johnson, Hamburg 1994; Anna Panicali (Hrsg.), Gulliver. Progetto di una Rivista Internazionale, Mailand 2003. Mittlerweile gibt es eine erste – ausgezeichnete – Monographie: Roman Schmidt, Die unmögliche Gemeinschaft. Maurice Blanchot, die Gruppe der rue Saint-Benoît und die Idee einer internationalen Zeitschrift um 1968, Berlin 2009.

[11] Für Deutschland arbeiteten in der Redaktion die Suhrkamp-Autoren Uwe Johnson, Hans Magnus Enzensberger, Ingeborg Bachmann und Martin Walser, die außerdem alle über die Gruppe 47 verbunden waren, mit den weiteren Redaktionsmitgliedern Helmut Heißenbüttel und Günter Grass. Hinzu kamen noch der Suhrkamp-Lektor Walter Boehlich und etwas später – für kurze Zeit – auch Peter Rühmkorf. Die italienische Redaktion bestand aus Elio Vittorini, Francesco Leonetti, Pier-Paolo Pasolini, Alberto Moravia, Franco Fortini und Italo Calvino. Für Frankreich waren beteiligt Maurice Blanchot, Dionys Mascolo, Louis-René des Forêts, Robert Antelme, Marguerite Duras, Maurice Nadeau, Michel Butor, Michel Leiris sowie 1962, nach dem Ende der bei Minuit erscheinenden „Arguments", Roland Barthes.

oder Fahnenflucht rechtfertigt oder die Soldaten zum Ungehorsam auffordert"[12]. Diese Verhöhnung der freien Meinungsäußerung in Form rigidester Gängelung von Intellektuellen hatte eine enorme Solidarisierungswelle nicht nur in Frankreich, sondern auch in anderen Ländern zur Folge, insbesondere in Italien und in der Bundesrepublik. Viele Schriftsteller, Künstler und Akademiker erkannten, dass sie ein gemeinsames Interesse verband, das vor Grenzen keinen Halt machen durfte: die Wahrung ihrer Autonomie gegenüber politischer Einflussnahme. Einige der an den Protesten Beteiligten sahen den Widerstand des Herbsts 1960 nur als einen Ausgangspunkt an, von dem aus es weitere Arbeit zu leisten galt: die Begründer der Idee der „Revue Internationale".

Im Rahmen der Vorbereitungen entwickelte sich eine rege Korrespondenz zwischen den Beteiligten, vor allem zwischen den als Redakteuren bestimmten Schriftstellern Uwe Johnson, Francesco Leonetti und Louis-René des Forêts. Die Herausgeberschaft sollte zwar kollektiv verantwortet werden, pragmatisch entschieden sich die Schriftsteller jedoch dafür, jeweils einen von ihnen mit der Koordination zu betrauen. Auf Basis ihrer Korrespondenz lassen sich die Ziele und die Gründe des Scheiterns dieses ambitionierten Projekts rekonstruieren.

Die Schriftsteller teilten, so meine These, ein bestimmtes Set von Wahrnehmungsschemata, auf deren Basis Kommunikation möglich wurde und die Institutionalisierung einer Idee in Form einer gemeinsamen Zeitschrift machbar erschien. Geteilt wurde die Einsicht in die Notwendigkeit einer internationalen und kollektiven Kritik. Notwendig erschien ihnen die Redefinition adäquater Kritik aus zwei Gründen. Die Welt hatte sich verändert, und die Rolle, die der Schriftsteller als Intellektueller in dieser einnahm, musste den neuen Verhältnissen Rechnung tragen. Die Rolle des Intellektuellen als eines autonomen, frei von Sachzwängen stehenden Menschen, der sich – in der klassischen Definition Sartres – „um Dinge kümmert, die ihn nichts angehen"[13], war in den Augen der an der „Revue" beteiligten Schriftsteller Anfang der 1960er Jahre in besonderem Maße gefährdet. Die Hetzjagd auf die Unterzeichner des Manifests der 121 in Frankreich, zwei Jahre später die „Spiegel"-Affäre in der Bundesrepublik waren deutliche Anzeichen dafür, dass die freie Rede gefährdet war. Da sie die Angriffe auf die freie Meinungsäußerung als internationales Phänomen beurteilten, setzten sie auch auf internationale Lösungsstrategien.

[12] Annie Cohen-Solal, Sartre 1905–1980, Reinbek 1988, S. 643.

[13] Jean-Paul Sartre, Plädoyer für die Intellektuellen (1965), in: ders., Plädoyer für die Intellektuellen, Reinbek 1995, S. 90–148, hier S. 91.

In einem Konzeptionspapier zur „Revue Internationale" formulierte Maurice Blanchot vier Grundprinzipien der Zeitschrift: Das Projekt sollte, erstens, wesentlich kollektiv und international ausgerichtet werden; zweitens sollte aus der spezifischen Perspektive der Verantwortung des Schriftstellers stets neu definiert werden, wofür sich die „Revue" zu interessieren hatte; drittens sollte sich die „Revue" mit Literatur nicht aus einem allgemeinen Kulturinteresse heraus beschäftigen, sondern aus dem Interesse für Wahrheit und Gerechtigkeit; viertens sollten sich Struktur und Ton der Zeitschrift an eben diesen Prinzipien orientieren, um alles auszuschließen, was nicht von unmittelbarem Interesse für Wahrheit, Gerechtigkeit und Realität sei[14]. Diese sehr abstrakt formulierten Prinzipien trafen zunächst auf offene Ohren bei vielen anderen Akteuren aus den italienischen und deutschen Redaktionen. Doch der Teufel steckte wenn nicht im Detail, so doch in der praktischen Umsetzung. Und dieses Problem kristallisierte sich insbesondere in der Rubrik „Cours de choses" heraus.

In dieser Rubrik sollte in den Augen der Franzosen und Italiener veritables kollektives und internationales Schreiben exerziert werden. Die Ergebnisse, die Texte, sollten anonym in der geplanten Zeitschrift abgedruckt werden. Dieses Konzept wollten die deutschen Mitarbeiter aber nicht umsetzen. Um eine fast dreijährige Debatte auf den Punkt zu bringen: In der Theorie war den Beteiligten die Notwendigkeit einer internationalen Kollektivität bewusst, in der praktischen Arbeit waren die meisten – unter ihnen insbesondere die Deutschen – noch nicht bereit dafür. Bereit war hingegen der Schriftsteller aus Kaufbeuren, der das Glück hatte, dass sein Frankfurter Verleger Siegfried Unseld eine hauseigene Zeitschrift gründen wollte.

3. Das Politische neu denken. Das „Kursbuch"

Das „Kursbuch" erschien von Juni 1965 bis März 1970 im Suhrkamp Verlag[15]. Als Herausgeber fungierte Hans Magnus Enzensberger, Chefredakteur war Karl Markus Michel. In diesen Jahren begleitete die Zeitschrift die Formierung und Mobilisierung sowie den Zerfall der deutschen 68er-Bewegung.

[14] Vgl. Maurice Blanchot, in: Lignes 11 (1990): Le Dossier de „La Revue Internationale", S. 179–184, hier S. 180f.

[15] Bis 1970 erschien das „Kursbuch" bei Suhrkamp, dann – bis zu seiner letzten Nummer im Juni 2008 – in verschiedenen anderen Verlagen: ab Heft 21 im neu gegründeten Kursbuch Verlag über den Vertrieb von Klaus Wagenbach, 1973 bis 1990 im Rotbuch Verlag, dann im Rowohlt Verlag. Die wichtigsten Köpfe in den 1980er und 1990er Jahren waren die Redakteure Karl Markus Michel, der 2000 verstarb, und

Die Idee, eine neue Kritik zu entwickeln und dies über eine neue Art zu schreiben umzusetzen, nahm Enzensberger aus den Planungen für die „Revue Internationale" mit. Im „Kursbuch" konnte er sein Konzept in die Tat umsetzen. Die genaue Analyse der einzelnen Hefte, der Redaktionskorrespondenz sowie weiterer Briefwechsel der am Projekt Beteiligten ergab, dass Enzensberger, Karl Markus Michel und die Autoren auf verschiedenen Ebenen Sicht- und Teilungskriterien der sozialen Welt hinterfragten und für in ihren Augen überkommene Wahrnehmungsmuster andere entwickelten, die sie als Alternativen zum Gegebenen im „Kursbuch" zur Verfügung stellten.

Eine Grundidee, ohne die dieses Projekt nicht verstanden werden kann, ist Enzensbergers Theorie der Bewusstseins-Industrie. Auf gerade einmal elf Seiten veröffentlichte Enzensberger diese für sein Schaffen so grundlegenden Überlegungen im Jahr 1962[16]. Darin nahm er Max Horkheimers und Theodor W. Adornos Ausführungen zur Kultur-Industrie auf, wendete sie aber positiv und gab ihnen eine optimistische Pointe. Wenn die Kultur-Industrie schon so ausgeklügelte Manipulationsinstrumente besitze, dann müsse man sich diese einfach für die eigenen Zwecke dienstbar machen, so seine Schlussfolgerung. Er entfaltete ein emanzipatorisches Programm zur Bewusstmachung und Überwindung der Manipulation. „Es handelt sich nicht darum, die Bewußtseins-Industrie ohnmächtig zu verwerfen, sondern darum, sich auf ihr gefährliches Spiel einzulassen." Da die Bewusstseins-Industrie zur Schlüsselindustrie des 20. Jahrhunderts avanciert sei, müsse sich der Intellektuelle ihrer bemächtigen, um sich Geltung zu verschaffen. Was entfaltet wurde, war eine Dialektik von Anpassung und Subversion mit dem unbedingten Ziel der Gesellschaftskritik. Der Intellektuelle aber, der sich auf das Spiel der Bewusstseins-Industrie einlassen wollte, brauchte natürlich einen Apparat. Und den hatte Enzensberger seit 1965 mit dem „Kursbuch".

In seiner Zeitschrift veröffentlichte er Literatur und Essays, die sich darum bemühten, die Welt unverfälscht darzustellen und die Alternativen zum Gegebenen entwickelten. Die Befreiungskämpfe in der „Dritten Welt", die

Ingrid Karsunke, die dem „Kursbuch" seit 1968 verbunden war, damals noch unter ihrem Mädchennamen Heckl. Zwischen 2005 und 2008 erschien die Zeitschrift im Zeit Verlag, wo sie von Michael Naumann und Tilmann Spengler herausgegeben wurde. Spengler war bereits seit 1980 in der Redaktion und – nach Michels Tod – die entscheidende Figur. Der Zeit Verlag meldete im Juni 2008, das „Kursbuch" werde aufgrund ökonomischer Unrentabilität eingestellt. 2012 ging es plötzlich – für viele überraschend – weiter mit der Nummer 170. Seit dieser Ausgabe erscheint es im Hamburger Murmann Verlag und wird herausgegeben von Armin Nassehi.

[16] Vgl. Hans Magnus Enzensberger, Bewußtseins-Industrie (1962), in: ders., Einzelheiten I: Bewußtseins-Industrie, Frankfurt a.M. 1964, S. 7–17.

aufkommenden Studentenproteste und – damit zusammenhängend – die Frage nach dem revolutionären Subjekt waren Themen, die nicht aus einer rein nationalen Perspektive verhandelt werden konnten. So gab es Themenhefte wie die zweite Ausgabe über die „Dritte Welt" oder das dreizehnte Heft über „Die Studenten und die Macht", in denen Stimmen aus verschiedenen Ländern Gehör fanden. Das letztgenannte Heft etwa brachte Beiträge aus und über Spanien, Italien, die ČSSR, Polen, Lateinamerika, Brasilien, Frankreich und Deutschland. Eine angehängte Adressenliste sollte der antiautoritären Bewegung die Kontaktaufnahme und Zusammenarbeit mit internationalen studentischen Gruppen und Organisationen ermöglichen. Eine der Maximen war es dabei, stets so viele unterschiedliche Positionen zu einem Thema bereitzustellen wie möglich. Ein sprechendes Beispiel dafür war etwa ein Streit zwischen Peter Weiss und dem Herausgeber. Es ging darin um die Frage nach dem revolutionären Subjekt. Peter Weiss, orientiert an den Annahmen der alten Linken, hielt anlässlich seines Nachrufs auf Che Guevara ein flammendes Plädoyer für die Arbeiterklasse als revolutionäres Subjekt, mit dem man sich verbünden müsse[17]. Enzensberger hingegen, orientiert an den Ideen der Neuen Linken, hielt die Arbeiterklasse für integriert und argumentierte, dass nicht das Proletariat, sondern nur die junge Intelligenz den Protest dynamisieren könne. Um einen Wandel herbeizuführen, helfe nicht der Generalstreik, sondern nur eine Wahrnehmungsänderung, die sich auf weite gesellschaftliche Kreise ausbreiten müsse[18].

Im Rahmen dieses auf Wahrnehmungsveränderung angelegten Prozesses hinterfragten Enzensberger und andere Autoren auch die Rolle der Literatur. Gesellschaftliche Nützlichkeit erhoben sie zur *conditio sine qua non* literarischer Produktion. Gleichzeitig bestimmten sie das Mandat des Intellektuellen neu. Diese Episode aus der Geschichte des „Kursbuchs" gehört zu den Momenten, die in der Rezeption am häufigsten missverstanden wurden. Bedauerlich ist, dass diese Missverständnisse sich im kollektiven Gedächtnis eingenistet haben. Nie hat Enzensberger, wie so oft behauptet, in „Kursbuch" 15 den „Tod der Literatur" verkündet oder festgestellt. Warum hätte er im selben Atemzug Gedichte von Ingeborg Bachmann abdrucken sollen? Aber was hat er geschrieben?

Enzensberger hielt fest, dass die auf literarische Schönheit ausgerichtete Literatur vom System absorbiert worden sei. Man instrumentalisiere sie als

[17] Vgl. Peter Weiss, Che Guevara!, in: Kursbuch 11/1968, S. 1–6.
[18] Vgl. Hans Magnus Enzensberger, Berliner Gemeinplätze, in: Kursbuch 11/1968, S. 151–169.

„Alibi im Überbau". Auch Agitprop-Songs und Straßentheater seien gescheitert, da sie sich als „literarisch irrelevant und politisch unwirksam erwiesen" hätten. Avantgarden, die als literarisches Mittel und politisches Ziel die Zerstörung, Umwälzung oder Neubestimmung von Sprache, Syntax und ähnliches verfolgten, blieben ebenso wirkungslos, da die Bewusstseins-Industrie mittlerweile so weit entwickelt sei, dass sie noch die sperrigste Neuinterpretation literarischer Definition „zu resorbieren, aufzusaugen, zu schlucken" imstande sei. Enzensberger zog aus diesen Überlegungen die Schlussfolgerung, für literarische Kunstwerke lasse sich „eine wesentliche gesellschaftliche Funktion in unserer Lage nicht angeben. [...] Wer Literatur als Kunst macht, ist damit nicht widerlegt, er kann aber auch nicht mehr gerechtfertigt werden". Wer noch Literatur produzieren wolle, solle sich die politische Alphabetisierung zum Ziel machen. Beispiele dafür seien „Günter Wallraffs Reportagen aus deutschen Fabriken, Bahman Nirumands Persien-Buch, Ulrike Meinhoffs [sic] Kolumnen, Georg Alsheimers Bericht aus Vietnam". Die Bewusstseins-Industrie hingegen sei mit Aktionen zu unterlaufen, die weniger an „traditionelle[n] Mitteln" wie dem Buch hingen. Ein Beispiel sei die „Arbeit Fritz Teufels"[19]. Wirksame Literatur, die vielleicht am ehesten mit dem Begriff „politische Analyse" zu fassen ist, sowie politische Aktionen, die Aufmerksamkeit erregen und Bewusstseinstransformationen anregen sollen, enthielten für Enzensberger die Möglichkeit zur Transformation der Gesellschaft. Und an solchen Aktionen, die performativ auf eine Redefinition der Rolle des Intellektuellen hinausliefen, beteiligte er sich zunehmend selbst oder initiierte sie sogar.

Das Moment der Aktion, das den revolutionären Intellektuellen vom allgemeinen Intellektuellen unterscheidet, setzte er mittels einer Doppelstrategie um: Zum einen beteiligte sich Enzensberger ab der zweiten Hälfte der 1960er Jahre selbst an Aktionen der 68er-Bewegung. So protestierte er etwa für die von der Außerparlamentarischen Opposition geforderte einstündige tägliche Sendezeit beim Sender Freies Berlin (SFB), und als in Berlin während der Trauerfeier für den verstorbenen ehemaligen Reichstagspräsidenten Paul Löbe (SPD) im August 1967 ein Sarg vor das Schöneberger Rathaus getragen wurde, dem Dieter Kunzelmann entstieg und Flugzettel verteilte, gehörte Enzensberger zu den Sargträgern. Zum anderen setzte er auf die persönliche Aktion. Er verließ die USA, wo er sich im Rahmen eines Fellowship-Programms aufhielt, und ging nach Kuba, um vor Ort mit den Trägern der sozialistischen Revolution in Kontakt zu treten. Indes, es ging

[19] Enzensberger, Gemeinplätze, die Neueste Literatur betreffend, S. 189 und S. 194ff.

nicht darum, dort in den revolutionären Kampf einzutreten, sondern um die Herstellung einer Situation des gegenseitigen Lehrens und Lernens zwischen dem bundesdeutschen Intellektuellen und den kubanischen Studenten. Das Hinterfragen von Literatur und das Überdenken und praktische Sondieren der Rolle des Intellektuellen müssen als Bestandteile einer Wahrnehmungsrevolution betrachtet werden, in der ein Schriftsteller aus gegebenen Wahrnehmungsmustern ausbricht und sich auf die Suche nach Alternativen aufmacht. Dahinter steckte mehr als die in den 1970er Jahren so verbreitete Suche nach dem Selbst. Die Wahrnehmungsrevolution nahm nämlich im Konzept der dualen Transformationsstrategie der Neuen Linken einen prominenten Platz ein: Über die Veränderung des Subjekts in der Aktion sollte langfristig auch die Gesellschaft transformiert werden. Die Antizipation einer möglichen Zukunft im Privaten nahm eine gesamtgesellschaftliche Zukunft vorweg.

Über die im „Kursbuch“ präsentierten Redefinitionsversuche von Literatur und der Rolle des Intellektuellen schrieb Enzensberger den Schriftstellern eine eminent politische Aufgabe zu. Das Politische bestand für ihn nun gerade darin, die Politik aus den Händen der Politiker zu nehmen. Ja, in zahlreichen Stellungnahmen schloss er Politiker aus dem Raum des Politischen aus, während er den Schriftstellern und den Protestbewegungen den Bereich des Politischen zuschrieb. Damit sprach er bestimmten Akteuren des politischen Feldes ihre ureigenste Aufgabe ab, nämlich über die legitimen Sicht- und Teilungsprinzipien der sozialen Welt zu entscheiden. Er schrieb diese Aufgabe nun Akteuren des literarischen Feldes und den Protestierenden der 68er-Bewegung zu. Diese Form der Politisierung kann als Veränderung von Klassifikationsmustern beschrieben werden.

Im Prozess der Veränderung der Wahrnehmung der Welt, der Wahrnehmungsrevolution, kam den Akteuren der Kulturproduktion naturgemäß eine besondere Rolle zu. Sie stellten Welt dar – ob in ihren Büchern, auf den Bühnen des Theaters, in den Zeitungsredaktionen, im Fernsehen, in den Verlagen, im Film und in der bildenden Kunst. Das war der Grund, warum die Kultur-Industrie ein so wichtiger Ansprech- und Allianzpartner für die Studentenbewegung sein musste. Hier wurde Welt sinnfällig, weil sie dargestellt wurde. Das war auch der Grund für die Proteste um Sendezeit beim SFB. Es ging der 68er-Bewegung um die breitenwirksame, nachhaltige und verbindliche Darstellung einer Wirklichkeit, die als Gegenbild, als Utopie, als eine andere Möglichkeit der von der Bewusstseins-Industrie verbreiteten Realität gegenübergestellt werden sollte, einer Form von Wirklichkeit, in der Regeln des Zusammenlebens, Machtverhältnisse oder Grenzen des Sag- und Machbaren thematisiert[20] werden sollten und die einen gesamtgesellschaftlichen Bezug hatte. Darin lag das Politische dieser Allianz zwischen 68er-Bewegung und Schriftstellern und Künstlern. Wie schon die Planungen für die „Revue Internationale“ kann man dieses Bündnis als einen politischen Kommunikationsraum verstehen, denn die Redefinitionen von Kritik, Literatur sowie die Deutungen, wer oder was politisch sei, wurden in diesem Raum verhandelt.

Mit dem Zerfall der internationalen 68er-Bewegungen verschwand der feldexterne Bündnispartner der Schriftsteller für das gemeinsame Projekt einer Wahrnehmungsrevolution. Indes, die Suche nach dem „richtigen Leben“ wurde – auch von Enzensberger – nicht aufgegeben.

4. Der Untergang der Utopie und das Überleben des Politischen

„Schriftsteller erzeugen keine großen gesellschaftlichen Bewegungen, aber wenn eine da ist, muß man sich zu ihr verhalten“[21], sagte Enzensberger 1979 in einem Interview über sein Engagement in den 1960er Jahren. Und um 1968 war sie da, diese große gesellschaftliche Bewegung. Sie war die letzte soziale Bewegung, die noch an die Machbarkeit von Geschichte glauben konnte, der ein teleologisches Geschichtskonzept zugrunde lag und die eine gesamtgesellschaftliche Ordnungskonzeption besaß. Doch als die Bewegungen in den Industriemetropolen zerfielen und sich an der Gewalt- und an der Organisationsfrage entzweiten, war ein neues Denkmuster schon dabei, dominant zu werden, ein Denkmuster mithin, das bereits in den 1960er Jahren kursierte, aber in den 1970er Jahren, nicht zuletzt durch die Ölkrise, eine Entsprechung in der ökonomischen Realität bekam: Es war die Einsicht in die Unplanbarkeit der Geschichte. Zu den Annahmen der Moderne, denen die Postmoderne in den 1970er Jahren eine Absage erteilte, gehörte auch die Vorstellung, die die vorherige Dekade geprägt hatte: sich „in die Zeit“ stellen zu können[22], die Zeit und die Geschichte mit gestalten zu können. Aus dem Wunsch, den Lauf der Geschichte zu beeinflussen, war Enzensberger

[20] Vgl. dazu das Forschungsprogramm des Bielefelder SFB 584, Das Politische als Kommunikationsraum in der Geschichte: www.uni-bielefeld.de/geschichte/forschung/sfb584/research_program/index.html.

[21] Hans Magnus Enzensberger, Gespräch mit Hajo Kesting, in: Reinhold Grimm (Hrsg.), Hans Magnus Enzensberger, Frankfurt a. M. 1984, S. 116–135, hier S. 124.

[22] So die Formulierung bei Ingrid Gilcher-Holtey, 1968. Eine Zeitreise, Frankfurt a. M. 2008, S. 199.

1968 nach Kuba gereist. Nach einem kurzen Aufenthalt im Januar 1968 anlässlich des Internationalen Kulturkongresses wollte er, als er im November desselben Jahres erneut aufbrach, für längere Zeit auf der Insel bleiben. Kuba war die ultimative Hoffnung: Vorbild und Modell zugleich. Doch die praktische Erfahrung desillusionierte ihn. Es kam nicht, wie erhofft, zum Austausch mit Studenten, aber bei der Arbeit auf dem Land oder bei Reisen über die Insel erfuhr er von der Armut der Kubaner und den Repressionen, die viele von ihnen erlitten. „Der Sozialismus ist schon eine komische Sache“, schrieb er im April 1969 an Karl Markus Michel. „Aber ich lasse mich doch vom Sozialismus nicht zum Konterrevolutionär machen! So etwa ist hier die Stimmung.“[23] Kurz nachdem er diese Zeilen geschrieben hatte, kehrte er nach Europa zurück. Ein Buch über Kuba, das er angeblich auf der Insel zu schreiben begonnen hatte, wurde nie fertig gestellt: gegenüber seinem Verleger erwähnte Enzensberger, dass es ein „gescheitertes (an meiner Selbstzensur gescheitertes) Buch“ war[24]. Was Enzensberger allerdings schrieb, war das Langgedicht „Der Untergang der Titanic“, das 1978 erschien und in dem er – nicht nur – seine bitteren Erfahrungen mit dem kubanischen Sozialismus reflektierte.

In diesem Text verabschiedet sich Enzensberger definitiv von der revolutionären Hoffnung der 1960er Jahre. Zehn Jahre nach den Ereignissen von 1968 gibt er die Suche nach der besseren Zukunft dennoch nicht auf; es ist keine Indifferenz gegenüber Geschichte oder Zukunft zu beobachten, die an manchen Orten mit Postmoderne identifiziert wird. „Der Untergang der Titanic“ führt lediglich die Einsicht in die Unmöglichkeit der einen richtigen Idee vor Augen. Er präsentiert eine Akzeptanz der Pluralität von Wahrheitswahrnehmungen. Diese Einsicht macht aber die Suche nach dem „richtigen Leben“ nicht unmöglich. Das geschieht weiter, wenn auch traurig, aber es geschieht. Das lyrische Ich, dass den Untergang des Schiffes überlebt hat, sagt am Schluss des Textes: „heule und schwimme ich weiter“[25]. Der Text geht weit darüber hinaus, eine subjektive Auseinandersetzung mit zerronnenen Illusionen oder Hoffnungen zu sein. „Der Untergang der Titanic“ verabschiedet eine zentrale geschichtliche Kategorie, die seit dem späten 18. Jahrhundert leitend war für die großen Gesellschaftstheorien und die daraus abgeleiteten Praktiken – bis hin zu den internationalen 68er-Bewe-

[23] Enzensberger an Michel vom 1.4.1969; zit. nach Marmulla, Enzensbergers Kursbuch, S. 224.

[24] Enzensberger an Unseld vom 28.2.1970; zit. nach ebenda, S. 229.

[25] Hans Magnus Enzensberger, Der Untergang der Titanic, Frankfurt a.M. 1978, S. 115.

gungen und somit auch für Enzensberger selbst: die Idee des Fortschritts. Mit der Titanic geht ja nicht nur der technische Fortschritt in Form eines Luxusdampfers unter. Es versinkt die gesamte bürgerliche Klassengesellschaft – und mit ihr auch ihr Antagonist: der Revolutionär. In diesem Sinne ist der Text kritische Geschichtsschreibung mit den Mitteln der Literatur. Denn wenngleich es keine soziale Bewegung mehr gab, auf die der Text oder sein Autor Erwartungen projizieren konnte, so richtete sich Enzensbergers Hoffnung 1978 noch immer auf das, was er schon zu Beginn der Planungen zur „Revue Internationale" als Motor einer Wahrnehmungsrevolution ansah: auf Fantasie. Literatur und das Politische in Zeiten verlorener Ideologien und untergegangener Utopien müssen Enzensbergers Ansicht nach umso stärker nach Gestaltungsmöglichkeiten von Welt suchen – gerade dann, wenn man Geschichte für nicht mehr machbar hält. In „Der Untergang der Titanic" wird kein auf sich selbst bezogenes Subjekt präsentiert, sondern eine Figur, die einen Selbst- und auch gruppenbezogenen Vergewisserungsprozess darüber forciert, wie Geschichte weitergehen könnte. Das ist das eminent politische Moment dieses Gedichts: Es widersetzt sich einem Zeitgeist, der die politischen Kämpfe *in toto* der Vergangenheit zurechnet: Das lyrische Ich heult am Ende des Buches nämlich nicht nur weiter, sondern, viel entscheidender, es schwimmt weiter. Und dieses Bild lässt sich ziemlich treffend auf die 68er-Bewegung übertragen.

Natürlich hat die 68er-Bewegung Schiffbruch erlitten. Das musste sie sogar, sonst wäre sie keine soziale Bewegung gewesen. Wenn man Aussagen über Wirkungen sozialer Bewegungen treffen möchte, muss man sich immer fragen, in welchem Rahmen diese überhaupt Wirkungen erzielen können. So kann es beispielsweise keine Wirkung einer sozialen Bewegung sein, die Regierung einer parlamentarischen Demokratie zu stellen – denn dann wäre sie Partei, und keine Bewegung. Es gehört zum Wesen sozialer Bewegungen, dass sie zerfallen. Verfestigen sich ihre Strukturen und werden sie auf lange (statt auf gewisse) Dauer gestellt, gehen sie in Organisationen auf – auch dann handelt es sich nicht mehr um eine Bewegung. Im Rahmen meiner Studie habe ich mich auf die Aspekte der Zielorientierung konzentriert, die Wahrnehmungsveränderungen beim Individuum fokussierten. Es gehörte im Rahmen der dualen Transformationsstrategie zu den Grundannahmen der Neuen Linken, dass sich über Veränderungen des Subjekts langfristig auch die Gesellschaft verändern werde. Also, noch einmal: Die Bewegung musste zerfallen, soziale Bewegungen lösen sich auf. Die Arbeit in den Köpfen aber ging weiter. Und der Krieg in den Köpfen (und auch der Krieg um die Köpfe) geht weiter. Im September 2012 ist der neue Essay-Band von Hans

Magnus Enzensberger erschienen[26]. Er irritiert uns und wird uns weiter irritieren. Denn: Das, was um „68“ gesucht wurde, muss noch immer gefunden werden. Bewahren wir die Fantasie und irritieren wir uns weiter, auch wenn es weh tut.

[26] Hans Magnus Enzensberger, Zwanzig Zehn-Minuten-Essays, Berlin 2012.

Dorothea Kraus

Alles nur Theater?

Zur Politisierung von Straße und Bühne in den 1960er Jahren

1. Ein Stück wird zum Fanal

Widersprüche prägten das Verhältnis zwischen Theater und 68er-Bewegung. Sie verdichten sich prägnant am Beispiel des „Viet Nam Diskurs“ von Peter Weiss. Einerseits spitzt das Dokumentardrama den Protest der Außerparlamentarischen Opposition (APO)[1] gegen den Vietnam-Krieg programmatisch zu, wie die Langversion des Titels zeigt: „Diskurs über die Vorgeschichte und den Verlauf des lang andauernden Befreiungskrieges in Viet Nam als Beispiel für die Notwendigkeit des bewaffneten Kampfes der Unterdrückten gegen ihre Unterdrücker sowie über die Versuche der Vereinigten Staaten von Amerika die Grundlagen der Revolution zu vernichten“. Andererseits begleiteten das Stück und seine Aufführungen kritische Go-Ins, Zwischenrufe und Bühnenstürmungen aus den Reihen der APO – von der Uraufführung am 20. März 1968 an den Städtischen Bühnen Frankfurt (Regie: Harry Buckwitz) bis hin zur Premiere an der Schaubühne am Halleschen Ufer in Berlin am 14. Januar 1969 (Regie: Peter Stein/Wolfgang Schwiedrzik). Dabei hatten sich wenige Autoren so offen mit der Protestbewegung solidarisiert wie Peter Weiss. Den „Viet Nam Diskurs“ hatte er in enger Zusammenarbeit mit Vertretern des Sozialistischen Deutschen Studentenbunds (SDS) geschrieben. An der Berliner Inszenierung war mit Wolfgang Schwiedrzik zudem ein SDS-Mitglied direkt an der Aufführung beteiligt. Wie Peter Stein wollte Schwiedrzik seine künstlerische Arbeit als Stellungnahme zum politischen Tagesgeschehen verstanden wissen. Die Berliner Inszenierung setzte daher nicht nur – wie Buckwitz in Frankfurt – den parteilichen Standpunkt des Stücks, sondern auch das politische Selbstverständnis der Schaubühne in Szene. In einer abschließenden Aufforderung zur Geldsammlung für den Vietcong wurde die Distanz zwischen Bühnengeschehen und politischer Aktion sogar bewusst aufgehoben.

[1] Die APO wird von mir als soziale Bewegung gefasst, die sich aus drei Teilbewegungen zusammensetzte: der Studentenbewegung; der Opposition gegen die Notstandsgesetze; der Ostermarschbewegung beziehungsweise Kampagne für Demokratie und Abrüstung.

Linke gegen Linke: Der Schlagabtausch in Berlin zeige, so Hellmuth Kotschenreuther in einem Kommentar, „daß die Linke heute in einem Maße zerstritten ist, wie das Establishment es sich noch vor einem Jahr auch in seinen kühnsten Träumen“ nicht erhoffen konnte[2]. Und doch ging es in der Auseinandersetzung um mehr: Sie verdeutlichte, dass in der zeitgenössischen Wahrnehmung politisch offenbar nicht gleich politisch war. Einig waren sich APO und politische Theater-Avantgarde über die grundlegende Notwendigkeit eines inhaltlich parteinehmenden Theaters; Einigkeit bestand zweifellos auch darin, dass die gesellschaftliche Rolle eines bislang eher elitären „Musentempels“ neu definiert werden musste. Die grundsätzliche Frage aber blieb offen: ob und unter welchen Bedingungen gerade Kunst politisch sein konnte und, wenn ja, was an einem als politisch apostrophierten Theater eigentlich das Politische ausmachte.

Das Beispiel unterstreicht: „Politisches Theater“ ist kein essentialistisch bestimmbares, überzeitliches Phänomen, das über konkrete Themen, Gegenstände oder Ziele definiert werden kann. Welche Inhalte, Präsentationsformen und Wirkungsweisen zu einem bestimmten Zeitpunkt politisiert werden und damit politisch sind, unterliegt vielmehr dem historischen Wandel. Nicht jede Form von Kommunikation ist politisch, auch wenn prinzipiell jedes Thema politisiert werden kann. Entscheidend für das Politische sind die Breitenwirksamkeit, Nachhaltigkeit und Verbindlichkeit von Deutungsmustern vor allem, wenn sie sich zu Leitideen verdichten. Leitideen (*idées forces*) zeichnen sich dadurch aus, dass sie nicht an ihrem „Wahrheitswert“, sondern an ihrer „Mobilisierungskraft“[3] gemessen werden. Leitideen und Deutungsmuster müssen wahrnehmbar sein, um wirksam zu werden. In diesem Sinne spielte Theater – insbesondere als theatrales Protesthandeln – für Teile der APO trotz aller Vorbehalte eine zentrale Rolle als Element der Mobilisierung nach innen und außen. Es trug dazu bei, politische Themen umzudeuten und eine Politisierung des bisher Unpolitischen zu bewirken[4]. Diese Wechselwirkungen, verbunden mit dem beständigen Changieren zwischen Abgrenzung und Adaption, machen die Schnittstelle zwischen APO und Berufstheater zu einem aufschlussreichen Untersuchungsfeld. Durch den Fokus auf Theater beziehungsweise Theatralität ist es möglich,

[2] Abendzeitung (München) vom 16. 1. 1969: „Zorn der Linken gegen den APO-Clown“.

[3] Pierre Bourdieu, Das politische Feld: Zur Kritik der politischen Vernunft, Konstanz 2001, S. 96.

[4] Vgl. Pierre Bourdieu, Sozialer Raum und „Klassen“. Leçon sur la leçon. Zwei Vorlesungen, Frankfurt a. M. [3]1995, und Pierre Boudieu, Sozialer Raum und symbolische Macht, in: ders., Rede und Antwort, Frankfurt a. M. 1992, S. 135–154.

am Beispiel einer spezifischen Problemkonstellation die Eigenlogik und historische Relevanz der 68er-Bewegung, ihre Mobilisierungsdynamik und Wirkung innerhalb der westdeutschen Wandlungsprozesse in den 1960er Jahren differenziert zu erfassen.

Dieses konstruktivistische Verständnis des Politischen nimmt somit die Definitionskämpfe in den Blick, die in den 1960er Jahren im Theater, um das Theater und mit den Mitteln des Theaters geführt wurden[5]. Im engeren Sinne geht es um die Deutungen und Umdeutungen des Politischen durch neue Formen seiner Inszenierung, Gestaltung und Präsentation sowie durch neue Bedingungen der Kunstproduktion, wie sie im Kontext der 68er-Bewegung experimentell erprobt wurden. Am Beispiel von vier Themenfeldern, in denen das Wechselspiel von Politisierung und Entpolitisierung besonders deutlich hervortritt, lassen sich die Ergebnisse meines Beitrags zusammenfassen. Skizziert und analysiert werden, erstens, die Proteste gegen die so genannte Notstandsgesetzgebung im Mai 1968, zweitens, die Auseinandersetzung zwischen APO und Theaterakteuren um die Definition eines politischen Theaters, drittens, *Happening* und Straßentheater als Protestformen der 68er-Bewegung und schließlich, viertens, die Demokratisierungsprozesse im Berufstheater ab Ende der 1960er Jahre.

2. Parallelaktionen: Theaterkritik als Mobilisierungsfaktor der Protestbewegung

Die Politisierung des Theaters ging der Mobilisierung der Protestbewegung voraus. Wie kam es dazu? Für das bundesdeutsche Theater der 1950er Jahre war Politikferne Programm: Die Freiheit der Kunst sollte in der Bundesrepublik Deutschland den bürgerlichen Gegenpol bilden zur ideologischen Instrumentalisierung der Kultur im Nationalsozialismus und in der SED-Diktatur der DDR. Zugleich galt die „formende, prägende Kraft einer humanistischen Kultur“[6] angesichts der nationalsozialistischen Menschheitsverbrechen als gesellschaftliches Leitbild und Hoffnung für eine demokratische Zukunft. Vor diesem Hintergrund wurden Bildung und Kultur in der Humboldtschen Tradition unter dem Postulat ästhetischer Zweckfreiheit verknüpft und zunehmend entpolitisiert. Ebenso das Theater: Der Wert

[5] Vgl. ausführlich Dorothea Kraus, Theater-Proteste. Zur Politisierung von Straße und Bühne in den 1960er Jahren, Frankfurt a. M. 2007.

[6] Hermann Glaser, Deutsche Kultur 1945–2000, München/Wien 1997, S. 73. Vgl. auch Axel Schildt/Detlev Siegfried, Deutsche Kulturgeschichte. Die Bundesrepublik von 1945 bis zur Gegenwart, München 2009.

einer Inszenierung leitete sich primär aus der Textüberlieferung ab. Zur Leitkategorie wurde die Werktreue. Die Aussageabsicht des Dichters, der überzeitliche „Geist der Dichtung" galten als wichtigste Richtschnur. Eine deklamatorische Sprechweise, stilisiert-antiillusionistische Darstellungsmittel und die Betonung der sogenannten Vierten Wand verstärkten den Kunstcharakter des Bühnengeschehens.

In Abgrenzung zu diesem unpolitischen Literatur- und Bildungstheater folgten zahlreiche Studentenbühnen seit den 1950er Jahren einem szenisch wie dramatisch experimentellen Selbstverständnis[7]. Viele der jüngeren Theaterdirektoren, Regisseure, Dramaturgen und Schauspieler, die nach 1960 im Berufstheater erfolgreich waren, kannten sich von ihren ersten praktischen Erfahrungen am Studententheater. An den Berufstheatern setzten seit Anfang der 1960er Jahre vor allem Regisseure wie Erwin Piscator und der Brecht-Schüler Peter Palitzsch politische Dramen im Spielplan durch, die wichtige Impulse für eine politische Neudeutung des Theaters gaben. Neben Brecht spielten dabei Dokumentarstücke eine Rolle – allen voran Rolf Hochhuths „Der Stellvertreter" (1963) und Peter Weiss' „Die Ermittlung" (1965). Auch in gleichsam tagesaktuellen Stücken wie Michael Hatrys „Die Notstandsübung" (1968) sowie in der Wiederentdeckung des sozialkritischen Volksstücks deutscher oder britischer Provenienz kam die politische Selbstdefinition der jüngeren Theatergeneration zum Ausdruck.

Politisiert wurde das Theater darüber hinaus durch avantgardistische Inszenierungskonzeptionen. Das ästhetische Bekenntnis zum Regietheater, das ab den 1960er Jahren für öffentliche Auseinandersetzungen sorgte, wurde beispielhaft im Bremer Theater am Goetheplatz umgesetzt. Insbesondere Peter Zadek inszenierte hier zusammen mit dem Bühnenbildner Wilfried Minks Klassiker wie Schillers „Die Räuber" (1966) oder Shakespeares „Maß für Maß" (1967) unter Rückgriff auf Comic- und Pop-Art-Elemente. Der klassische Text verlor durch die Neuinterpretation die überzeitliche Aura herkömmlicher Inszenierungen. Der Bruch mit den Erwartungen des Publikums war programmatisch: Die Sicherheit verinnerlichter Wahrnehmungskategorien und Deutungsmuster sollte provokativ als trügerisch vorgeführt werden. Die meisten der Zadek/Minks-Inszenierungen in Bremen waren Teil der „performativen Wende"[8] in der westlichen Kunst dieser Zeit: Sie

[7] Vgl. Marlies Hübner, Studententheater im Beziehungsgeflecht politischer, gesellschaftlicher und kultureller Auseinandersetzungen mit einem Ausblick auf die Theaterszene der sechziger und siebziger Jahre, Diss., Bayreuth 1989.

[8] Erika Fischer-Lichte, Ästhetik des Performativen, Frankfurt a. M. 2004, S. 22.

verknüpften die Abkehr vom künstlerischen Artefakt mit der Betonung des Körperlichen, mit einer Grenzüberschreitung zwischen den Künsten und einer Neubestimmung des Zuschauens als kreativen Akt. So wie Zadek und Minks verstanden viele Theaterleute in dieser Zeit die Suche nach neuen ästhetischen Erfahrungen auch als eine Antwort auf gesellschaftspolitische Herausforderungen der Gegenwart.

In dieser Suche begegneten sie sich im Grundsatz mit der APO, die durch neue Praxisformen neue Deutungsmuster und Leitideen durchzusetzen versuchte. Über Aufgabe und Funktion des Theaters sowie über die Frage, was eine sich als politisch verstehende Kunst zu leisten hatte und wann sie überhaupt politisch war, debattierten einzelne Trägergruppen in der APO, Theatermacher und Schauspieler parallel zueinander[9]. Die Ende Mai 1968 bevorstehende Verabschiedung der Notstandsgesetze führte Theaterleute und APO zusammen. Viele Theater wurden zum öffentlichen Protestforum. An etwa 30 Bühnen organisierten die Beschäftigten Kundgebungen. Der Protest lief fast überall nach dem gleichen Muster ab: Vor der Aufführung, nach der Pause oder im Anschluss an das Stück versammelten sich Theatermitarbeiter auf der Bühne, verlasen eine Erklärung und forderten das Publikum zur Diskussion auf. Vereinzelt ab dem 25. Mai 1968 und verstärkt ab dem 28. Mai kam es zusätzlich zu Go-Ins von kritischen jungen Leuten aus dem Umfeld der APO. Die Störer fanden „zum Teil in den Schauspielern [...] willige Mitstreiter, die endlich einmal ihre Mitverantwortung am politischen Geschehen nicht nur diskutieren, sondern auch praktizieren wollten“[10].

Umgekehrt wurden die Go-Ins an vielen Theatern durch die politischen Aktionen des Theaterpersonals vorbereitet, jedoch nie von vornherein als gemeinsame Aktionen geplant und durchgeführt; die erkennbar solidarische Geste gegenüber dem Ensemble blieb meist aus. Hinzu kamen oft Konflikte zwischen Theaterbeschäftigten und Intendanten oder Rechtsträgern. Vor allem jüngere Zuschauer unterstützten den Protest und wollten sich an Diskussionen beteiligen; die Mehrheit des Publikums reagierte jedoch mit Empörung und Unverständnis. Die öffentlichen Theater in Westdeutschland befanden sich angesichts der politischen Entwicklungen künstlerisch wie institutionell in einem Spannungsfeld. Zum einen war die Erwartungshaltung des Publikums im Grundsatz noch immer von Vorstellungen eines Unter-

[9] Vgl. dazu im Einzelnen Kraus, Theater-Proteste, S. 104ff.

[10] Politische Aktionen im Theater. Eine Dokumentation der Demonstrationen, in: Die Deutsche Bühne 7/8 (1968), S. 138ff., hier S. 138.

haltungs- und Bildungstheaters bestimmt. Zum anderen kollidierte das politische Selbstverständnis der Theaterbeschäftigten mit den strukturellen Rahmenbedingungen ihrer Arbeit: Jede geplatzte Aufführung bedeutete eine Vertragsverletzung mit finanziellen, ja existentiellen Risiken bis hin zur Kündigung.

Nach der Verabschiedung der Notstandsgesetze intensivierten einige APO-Akteure ihre Versuche, Kundgebungen in den Theatern zu Protesten gegen das Theater als Institution und Medium umzuwandeln. Die Kritik an den vermeintlich „autoritären" Praktiken insbesondere der Theaterleitung gewann an Bedeutung. Immer wieder zeigte sich dabei die Ambivalenz von Unterstützung und Ablehnung, die im Januar 1969 bei der Störung der Premiere des „Viet Nam Diskurs" an der Berliner Schaubühne besonders deutlich zum Ausdruck kam. Wie ist diese Ambivalenz zu erklären?

3. Politisches Theater im Deutungskampf

Das Spannungsverhältnis von Solidarisierung und Kritik lässt sich an einer Inszenierung des Regisseurs Hans Neuenfels (geboren 1941) in Heidelberg beobachten, die stellvertretend für zahlreiche weitere Aufführungsstörungen in den Jahren 1968 und 1969 steht. 1968 inszenierte Neuenfels „Die Verfolgung und Ermordung Jean Paul Marats dargestellt durch die Schauspielgruppe des Hospizes zu Charenton unter Anleitung des Herrn de Sade" von Peter Weiss. In Neuenfels' Inszenierung spielten neben den jungen Hauptdarstellern Gymnasiasten in Alltagskleidung den Chor der Hospiz-Insassen. Marat trat nicht als siecher Revolutionär auf, sondern saß als ein in seinen revolutionären Ambitionen auch darstellerisch „Behinderter" zeitweise im Rollstuhl: ein „Dutschke des sozialen Veränderungswillens", der aber zuletzt vom Volk ermordet wird. Die „reißende Motorik" der Massenszenen ließ zugleich deutlich werden, dass die Masse eigentlicher Träger der Handlung war[11]. Und doch: In der Schlussszene ließ Neuenfels die jugendliche Menge unter Maschinengewehrsalven zusammenbrechen.

Obgleich so lediglich die „hingemähte Zukunft, die erschossene junge Hoffnung", zurückblieb, ließ die Inszenierung durch ihre expressive, körperbetonte Dynamik eine politische Veränderbarkeit der Welt möglich erscheinen. In der zeitgenössischen Wahrnehmung dominierte denn auch eine politische Lesart der Inszenierung: „Das im ‚Marat' gefundene Thema", analysierte der Theaterkritiker Günther Rühle, „ist das, was die Pennäler

[11] Stuttgarter Zeitung vom 3. 2. 1969: „Hippies im Irrenhospiz".

und Studenten beschäftigt: das Warten, das Spielen mit […], das Mitspielen in einer (fiktiven) Revolution."[12] Daher fand die Inszenierung gerade bei jüngeren Zuschauern viel Zustimmung. Daneben gab es jedoch innerhalb der APO beziehungsweise des Heidelberger SDS Stimmen, die Neuenfels vorwarfen, das Stück zu enthistorisieren, zu entpolitisieren und zu formalisieren: Der Marat/Sade sei – so ein Beispiel – nichts als eine „Party im Beatschuppen", die eine „rationale Vermittlung" der „tatsächlichen Zusammenhänge" durch den „Deckmantel einer modisch aufgeputzten Ästhetik" verhindere[13]. Hier zeigte sich die tiefe Kluft zwischen Neuenfels und den in Teilen fast gleichaltrigen Akteuren der Protestbewegung. Obwohl sich Neuenfels mit den Zeitereignissen persönlich wie künstlerisch immer wieder auseinandersetzte, lehnte er eine Instrumentalisierung des Theaters im Dienste reiner Gesellschaftskritik konsequent ab. Daher musste er zwangsläufig immer wieder Erwartungen enttäuschen. So begleiteten „Schmiere!"-Rufe auch die Premiere seiner Inszenierung von Georg Büchners Revolutionsstück „Dantons Tod" am 28. September 1969. Günter Schehl, der den Akteuren der Heidelberger Protestbewegung nahe stand, begründete diese Kritik mit den Worten: Da Neuenfels' „revuehafte […] Pop-Masche" von einer „rücksichtslosen Effektivitätsästhetik" ausgehe und keine „inhaltliche Konzeption" habe, fehle dem Danton jegliche „politische Relevanz", sei das Stück „zur Unverbindlichkeit" entpolitisiert[14].

Die Inszenierung ist ein prägnantes Beispiel dafür, dass sich Pop und Pop-Art in Teilen der Bewegung zunehmend zu Chiffren für die politische Wirkungslosigkeit des Theaters entwickelt hatten. Zwar waren Ende der 1960er Jahre Popkultur und Beatmusik für große Teile der westdeutschen Jugend bedeutsam. Doch insbesondere von der studentischen Neuen Linken wurden diese Kulturformen mehrheitlich als oberflächlich, manipulativ und zu wenig analytisch abgelehnt. Weite Teile der APO bemaßen die politische Legitimität theatraler Formen ausschließlich an ihrer außertheatralen Wirksamkeit. Für Regisseure wie Peter Stein, Peter Zadek oder Hans Neuenfels hingegen lief die Politisierung von Stücken und Inszenierungen auf eine performative Erneuerung des Theaters auch mit Mitteln der Populärkultur hinaus. Sie politisierten das Theater, indem sie es retheatralisierten und die körperliche Dimension der Aufführung gegenüber dem Text stärkten. Gerade

[12] Frankfurter Allgemeine Zeitung vom 4. 12. 1968: „Rückblick im Augenblick. Anlässlich des Heidelberger ‚Marat'".

[13] Michael Buselmeier/Günter Schehl, Die Kinder von Coca-Cola, in: Kürbiskern 1 (1970), S. 74–89, hier S. 88.

[14] Frankfurter Rundschau vom 3. 10. 1969: „Büchner – verschnitten".

für die jüngeren Theaterleute lag die Provokation deswegen darin, dass diese Politisierung innerhalb des Berufstheaters nicht anerkannt, sondern aus kunstfremder Perspektive hinterfragt wurde. Zwar trafen sich APO und Theaterbeschäftigte in ihrer gemeinsamen Forderung nach mehr Demokratie an den Theatern. Doch blieb die grundlegende Distanz zwischen Theater und 68er-Bewegung letztlich unüberwindbar.

Die Vorgänge im Theater spiegeln eine Entwicklung, die bereits seit 1967 auch innerhalb der 68er-Bewegung spürbar wurde. Im Rahmen ihrer dualen Zielorientierung – Selbstverwaltung und Selbstverwirklichung – verschoben sich die Gewichte immer stärker in Richtung des linkssozialistischen Flügels, dessen Protagonisten antiautoritäre Aktionsstrategien entpolitisierten. Wie kam es dazu? Der antiautoritäre Flügel der APO betonte die Leitidee der Selbstverwirklichung. Im Vordergrund stand für ihn die aktionistisch-emanzipatorische Selbstaufklärung und Selbstbefreiung, die einer Bewusstseinsveränderung folgen und so zur Bedingung gesellschaftlichen Wandels werden sollte. In diesem situationistisch inspirierten Verständnis konnte die Aktion an sich zum politischen Akt werden: „Weil uns diese Aktionen innerlich verändern, sind sie politisch“[15], postulierte etwa Rudi Dutschke. Dagegen stellte der linkssozialistische Flügel die Konzepte von Demokratisierung und Selbstverwaltung ins Zentrum, die eine Ausweitung von Partizipationschancen zum Ziel hatten. Die Linkssozialisten gingen – oft in Einklang mit traditionalistisch-altlinken Positionen innerhalb der APO – vom Primat der Theorie vor der Aktion, der gesamtgesellschaftlichen Veränderung vor der individuellen Emanzipation und Bewusstseinsveränderung aus.

Mit diesen Unterschieden hingen divergierende Deutungen des Politischen zusammen: Die antiautoritäre Richtung legte ihr Hauptaugenmerk auf die Autorität als Bewusstseins- und Charakterphänomen[16]; unter Berufung etwa auf Herbert Marcuse betrachtete sie Kunst und Ästhetik im Allgemeinen sowie das Theater im Besonderen vielfach als Elemente der Manipulation und Verschleierung. Interessanterweise schloss das antiautoritäre Selbstverständnis im Grundsatz theatrale Aktionen sowie Formen und Mittel des Theaters ein. Allerdings spielten dabei die ästhetischen Möglichkeiten des Theatralen nur eine untergeordnete Rolle. Zugespitzt formuliert: Ihren eigentlich revolutionären Impuls gewannen die Aktionen allein aus dem

[15] Rudi Dutschke, Vom Antisemitismus zum Antikommunismus, in: Uwe Bergmann u.a., Rebellion der Studenten oder Die neue Opposition, Reinbek 1968, S. 58–85, hier S. 76.

[16] Vgl. Max Horkheimer, Vorlesungen über Autorität und Gesellschaft, in: ders., Gesammelte Schriften, Bd. 12, Frankfurt a. M. 1985, S. 39–68, hier S. 51ff.

theatralen Handeln an sich. Eine Auseinandersetzung mit dem kritischen Potential des Theaters als Darstellungs- und Kunstform unterblieb weitgehend – anders als in altlinken Kreisen der APO, die sich etwa auf die marxistische Ästhetik beriefen.

In der Gesellschaftsanalyse der Linkssozialisten spielte vor allem der Widerspruch zwischen individueller Autonomie und überindividueller Autorität von Institutionen – etwa dem Theater – eine Rolle. Ihr langfristiges Ziel bestand darin, durch inhaltliche Aufklärung und rationale Diskussion die Partizipationschancen im Theater auszuweiten[17]. In der Tradition der Neuen Linken beriefen sich Antiautoritäre und Linkssozialisten gleichermaßen auf die Kategorie der Autorität. Vor diesem Hintergrund bestand im Grundsatz wenig Dissens über Aktionsgebiete und Themen, die je nach Position anders definiert und unter anderen Gesichtspunkten akzentuiert werden konnten. Kurz: Beide Flügel der APO konnten die Aufführungsstörungen trotz unterschiedlicher Gesellschaftsanalysen als „Weiterentwicklung der eigenen Aktionsstrategie sehen"[18].

Betrachtet man die Aktionen der APO im Theater, so lag ihre politische Stoßrichtung einerseits in der provokativen Durchbrechung von Erwartungshaltungen. Andererseits zielte diese Praxis darauf, das Theater als Kunstform und Medium in seiner gesellschaftlichen Funktion zu problematisieren und damit zu entpolitisieren. Das aktionistische Verständnis des Politischen war innerhalb der Neuen Linken und insbesondere im SDS – gerade auch im Kunst- und Theaterbereich – umstritten. Waren *Happenings* mit theatralem Charakter zunächst genuiner Teil der antiautoritären Aktionsstrategie, Inbegriff einer performativen Selbstbefreiung in der Aktion gewesen, entpolitisierten Teile der APO das *Happening* im Laufe des Jahres 1968 zunehmend. Es wurde abgelöst durch Straßentheaterformen mit argumentativ-aufklärendem Charakter, denen größere politische Wirksamkeit zugesprochen wurde.

[17] Vgl. Ekkehart Krippendorff, Zum Verhältnis zwischen Inhalt und Form von Demonstrationstechniken, in: Wolfgang Abendroth u.a., Die Linke antwortet Jürgen Habermas, Frankfurt a.M. 1968, S. 162–175, hier S. 163ff.

[18] Pavel Richter, Außerparlamentarische Opposition in der Bundesrepublik Deutschland 1966 bis 1968, in: Ingrid Gilcher-Holtey (Hrsg.), 1968 – Vom Ereignis zum Gegenstand der Geschichtswissenschaft, Göttingen 1998, S. 35–55, hier S. 54.

4. Gegenkultur oder „gegen Kultur": Theatrales Handeln als Kritik in der Aktion

Warum überhaupt theatrale Aktionen? Ihre Bedeutung für die 68er-Bewegung lag insbesondere darin, dass sich Theater wie kein anderes künstlerisches Medium über seinen Aufführungscharakter, seine Unmittelbarkeit bestimmt. Wenn *theatrales* Handeln mit Andreas Kotte ein hervorgehobenes Handeln bezeichnet, bei dem die Hervorhebung als Hauptfunktion wahrgenommen wird, dann setzt Theatralität als Handlungsform immer eine Kommunikationssituation voraus[19]. Spielerisch, ereignishaft und zugleich öffentlichkeitswirksam: Diese Eigenschaften des Theatralen nutzten Teile der 68er-Bewegung für ihren politischen Protest. Obgleich die theatrale Praxis etwa des *Happenings* oder des Straßentheaters innerhalb der APO rein zahlenmäßig ein eher marginales Phänomen blieb, erregte sie durch ihren provokatorischen Gestus starke Aufmerksamkeit.

Die mit den spielerischen Regelverstößen verbundene Aufmerksamkeit und Irritation, das Gelächter über bloßgestellte Autoritäten wurden in antiautoritärem Sinne als zutiefst politischer Akt der Bewusstwerdung und Emanzipation verstanden – für die Beteiligten ebenso wie für die Zuschauer. Dabei dominierte in den *Happenings*, die in vielen westdeutschen Städten stattfanden, im Grundsatz die körperliche Aktion vor der inhaltlichen Aussage. Die reale Person, der reale Ort, die reale Zeit und kein fiktives „Als-Ob" standen im Vordergrund. Das Publikum übernahm – freiwillig oder nicht – eine aktive Rolle in der Aktion[20]. Auf diese Weise verwirklichten die *Happenings* ein engagiertes Theater, wie es zeitgenössisch auch Peter Handke vorschwebte. Gerade weil im Handlungsvollzug das sinnliche Erlebnis und damit die „unmittelbare Wirkung" im Vordergrund stehe, sei neue Sinngebung möglich. Diese schöpferische Handlungsform schien Handke beispielsweise auch dort angelegt, wo

> „die Kommune die Wirklichkeit, indem sie sie ‚terrorisiert', theatralisiert und sicherlich zu Recht lächerlich macht, […] in den Reaktionen in ihrer möglichen Gefährlichkeit, in ihrer Bewußtlosigkeit und falschen Natur […] erkennbar macht"[21].

[19] Vgl. Andreas Kotte, Theatralität. Ein Begriff sucht seinen Gegenstand, in: Forum Modernes Theater 132 (1998), S. 117–133.

[20] Vgl. Erika Fischer-Lichte, Grenzgänge und Tauschhandel. Auf dem Weg zu einer performativen Kultur, in: dies./Friedemann Kreuder/Isabel Pflug (Hrsg.), Theater seit den sechziger Jahren. Grenzgänge der Neo-Avantgarde, Tübingen/Basel 1998, S. 1–20.

[21] Peter Handke, Straßentheater und Theatertheater, in: Theater heute 4 (1968), S. 6f., hier S. 7.

Allerdings transportierte das *Happening* als Aktionsform keine klare Botschaft, verweigerte die klare Aussage und Deutung. Hier setzte seit Mitte 1967 in großen Teilen der APO eine wirkungsästhetisch begründete Kritik an. Ihr lag die Sorge zu Grunde, in ihren gesellschaftskritischen Anliegen nicht ernst genommen zu werden, wenn spielerische Protestformen den Anspruch auf Aufklärung, Diskussion und Organisation ersetzten. Auf der Basis dieser Argumentation schlossen der SDS-Vorstand der Freien Universität West-Berlin sowie der Vorstand des Landesverbands beispielsweise die Kommune 1 im Mai 1967 aus dem Verband aus. Auch die SDS-Bundesvorsitzenden Reimut Reiche und Peter Gäng stellten die politische Wirksamkeit der Kommune-Aktionen infrage[22].

Exemplarisch zeigt diese Entwicklung: Dem theatralen Protesthandeln wurde seine politische und politisierende Wirkungskraft abgesprochen – von traditionalistisch-linkssozialistischer, aber zunehmend auch von antiautoritärer Seite. Dass sich die expressiv-emanzipatorische Wirkung, die dem *Happening* als „Kritik in der Aktion" ursprünglich unterstellt worden war, nicht unmittelbar nachweisen ließ, machte seinen politischen Impetus angreifbar. Eine argumentativ-reflexive Aufklärung wurde als nachhaltigerer Weg betrachtet. Darüber hinaus erschienen *Happening* und assoziatives „Spiel" umso unangemessener, je mehr sich die gesellschaftspolitischen Konflikte und Proteste im Verlauf des Jahres 1968 zuspitzten und radikalisierten. Hierzu trugen das Attentat auf Dutschke am Gründonnerstag 1968, die darauf folgenden Osterunruhen in vielen westdeutschen Städten, der gescheiterte Protest gegen die Verabschiedung der Notstandsgesetze sowie die Dogmatisierung und Radikalisierung des Protests wesentlich bei.

In diesem Sinne setzten Straßentheatergruppen ab Mitte 1968 auf die Botschaft als politischen Kern der Aufführung. Beispielhaft zugespitzte Szenen und plakativ-rhetorische Mittel standen im Zentrum der spielerischen Gestaltung, die meist ohne Kostüme oder Requisiten auskam. Die Stücke wollten auf der Basis nachprüfbarer Fakten über gesellschaftliche Verhältnisse aufklären. Damit standen die Gruppen in der Tradition des Arbeiter- und Agitproptheaters der Weimarer Republik, zeigten aber auch eine Nähe zur sozialistisch-realistischen Ästhetik, wie sie in der DDR – sowjetischen Traditionen folgend – praktiziert wurde.

Als Instrument im Klassenkampf waren die Straßentheater zum Scheitern verurteilt: Ihr proletarisches Zielpublikum lehnte sie mit wenigen Ausnahmen

[22] Reimut Reiche/Peter Gäng, Einleitung, in: SDS-Korrespondenz 6 (1967), S. I–IX, hier S. II.

ab. So berichtete der „Spiegel" über eine Aufführung des Sozialistischen Straßentheaters Frankfurt (Main) vor dem Mainzer Hauptbahnhof: „Und schließlich nahm ihnen ein Arbeiter das Mikrophon aus der Hand und rief: ‚Kein Streik – Treue um Treue von Mensch zu Mensch.'"[23] Schließlich zog eine Reihe von Straßentheatergruppen 1968 aus den Misserfolgen ihrer Kampagnen die Konsequenz, theatrale Elemente, Fantasie und Sinnlichkeit zu stärken. Diese Entwicklung machte viele Gruppen zukunftsfähig: Sie trug in den 1970er Jahren zu einer vielfältigen Szene freier Theatergruppen bei.

Annäherung und Abgrenzung, Politisierung und Entpolitisierung prägten das Verhältnis der APO zu theatralen Aktionsformen auch über das Berufstheater hinaus. Aufschlussreich ist: Trotz aller Kritik, so zeigte sich im Verlauf des Jahres 1968, sprachen die Trägergruppen der 68er-Bewegung dem Theater durchaus Veränderungspotential zu. Dabei ging es ihnen allerdings weniger um die ästhetische Gestalt des Theaters als Kunstform als vielmehr um eine Politisierung durch den Wandel der Produktionsbedingungen. Die Forderung nach Demokratisierung im westdeutschen Berufstheater bezog sich in diesem Kontext sowohl auf den Versuch, Theater auch für eher bildungsferne gesellschaftliche Schichten attraktiv zu machen, als auch auf eine Veränderung der Organisationsstrukturen im Theater. Welche Rolle spielte diese Forderung nach Ausweitung von Partizipationschancen im Prozess der frühen Demokratisierung an den Theatern etwa zwischen 1968 und 1972?

5. Demokratisierung im Theater der frühen 1970er Jahre

Festzuhalten bleibt: Die Politisierung der Theaterstrukturen ging nicht ursächlich auf die APO zurück. Impulse der kognitiven Orientierung der Neuen Linken sind jedoch ebenso in den Auseinandersetzungen um das Berufstheater nachzuweisen wie die Verknüpfung von Selbstverwaltung und Selbstverwirklichung. Die frühe Demokratisierung der Berufstheater vollzog sich in drei Phasen: Einer Initialisierungsphase im Frühjahr 1968 folgte eine Zuspitzungs- und Stabilisierungsphase etwa zwischen Sommer 1968 und Sommer 1969. Ungefähr ab Herbst 1969 ging diese über in eine Institutionalisierungsphase, die mit der Etablierung des Mitbestimmungsmodells an den Städtischen Bühnen Frankfurt am Main in der Spielzeit 1972/73 einen ersten Höhe- und Endpunkt erreichte.

[23] Der Spiegel vom 10. 6. 1968: „Politisierung. Thriller mit Teufel".

Gegen den „autoritären Geist des deutschen Theaters" bezogen im April 1968 zwei junge Schauspieler Position. Barbara Sichtermann und Jens Johler gaben damit den Startschuss für eine Debatte über Organisationsformen und Arbeitsbedingungen am Berufstheater. „Wie kann", so fragten Sichtermann und Johler, „das Theater Diskussionspartner der Gesellschaft sein, wenn die Diskussion innerhalb jener Gesellschaft, die das Theater selbst ist, nicht stattfindet?" Ihre Argumentation: Vor allem die Arbeit der Schauspieler sei von der „überragenden Machtposition" der Regisseure bestimmt, die jede „originale Initiative" im Keim ersticke. Hinzu komme als strukturelles Problem der hierarchische Aufbau des Theaters, der auch die Regisseure letztlich zum ausführenden Organ der Intendanten mache. Als Alternative plädierten Sichermann und Johler für eine kollektive Leitung des Theaters sowie die Einrichtung einer festen Versammlung des künstlerischen Personals mit wesentlichen Entscheidungsbefugnissen etwa bei Einstellungen, Spielplangestaltung oder Rollenbesetzung. Der Forderungskatalog setzte darauf, die Mitverantwortung der Künstlerinnen und Künstler rechtlich zu fixieren, anstatt ihnen lediglich Mitspracherechte einzuräumen[24]. Im Kern zielte die Argumentation der beiden Schauspieler daher nicht auf Mitbestimmung, sondern auf Selbstbestimmung und Selbstverwaltung in der künstlerischen Produktion.

Mit Hansjörg Utzerath von der Freien Volksbühne Westberlin und Horst Klausnitzer schalteten sich im Juni 1968 das erste Mal ein Intendant und ein Vertreter der Genossenschaft Deutscher Bühnen-Angehöriger (GDBA) in die Debatte ein. Beide lehnten einen „revolutionären Umsturz" vehement ab und plädierten für eine „stufenweise Demokratisierung"[25], an deren Anfang sie das Team als Arbeitsform sahen. Diese Stellungnahmen markierten bereits in der Initialisierungsphase des Demokratisierungsprozesses zwei Grundaspekte späterer Auseinandersetzungen. Die Vorstellung von Arbeitgebern und GDBA zielte auf einen organischen, informellen Wandel der Arbeitsbedingungen. Zudem sollten Mitspracherechte zwar durch Teamarbeit erweitert, aber keine künstlerische und betriebliche Selbstbestimmung der Beschäftigten eingeführt werden.

[24] Barbara Sichtermann/Jens Johler, Über den autoritären Geist des deutschen Theaters, in: Theater heute 4 (1968), S. 2ff.

[25] Horst Klausnitzer, Wie autoritär ist das deutsche Theater?, in: Theater heute 6 (1968), S. 2; hier (S. 2f.) findet sich auch der Beitrag von Hansjörg Utzerath/Martin Wiebel, Wie autoritär ist das deutsche Theater?

In diesem Sinne argumentierte später auch Roland Kabelitz vom Arbeitskreis Bertolt Brecht, der Mitbestimmung als pragmatischen Zwischenschritt zu einem selbstbestimmten Theaterschaffen verstanden wissen wollte. André Müller wies zudem darauf hin, dass „der Emanzipationsstand der am Theater Arbeitenden so sehr unterschiedlich sei" und zunächst „Lernvorgänge in der Praxis" erforderten, um künftig eine „funktionsfähige [...] Selbstbestimmung"[26] zu erreichen. Den Beginn einer langfristig angelegten emanzipatorischen Praxis datierte Müller auf die Kampagne gegen die Notstandsgesetze im Mai 1968. Er stellte dabei ausdrücklich eine Verbindung zur 68er-Bewegung her. Diese Perspektive dominierte auch die zeitgenössische Wahrnehmung[27]. „Ein Funke", so diagnostizierte Hellmuth Karasek 1970 ebenso plakativ wie verkürzend, sei von der APO ins Theater übergesprungen, worauf die Theaterleute „erkannten [...], daß die Strukturen ihrer Institutionen veraltet waren"[28].

Diese monokausal-ideengeschichtlichen Zuschreibungen weisen darauf hin, dass eine unmittelbare Wirkung der Protestbewegung auf das Theater zeitgenössisch offenbar erwartet wurde. Die historisch-analytische Zurechnung von möglichen Wirkungen auf soziale Bewegungen ist methodisch deutlich komplexer und selbst innerhalb eines relativ eng umrissenen Gegenstandsbereichs wie des Berufstheaters nur als reflektierte Annäherung möglich. So ist auch mit Blick auf das Theater zu bedenken, dass soziale Bewegungen nie der einzige Faktor sozialen Wandels sind. Auch die potentiellen Wirkungen der APO zeigen sich aus diesem Grund „nur in der Übernahme von ausgewählten und dabei veränderten Impulsen aus der Wert- und Zielorientierung der ursprünglichen Bewegung"[29]. Der genuine Beitrag der APO zu sozialen Wandlungsprozessen kann darüber hinaus auch deshalb nur schwer isoliert werden, weil sie wie alle sozialen Bewegungen grundsätzlich instabil war und sich nach der Verabschiedung der Notstandsgesetze im Mai 1968 relativ rasch aufzulösen begann. Der einsetzende Verfall der

[26] André Müller, Bemerkungen zu einem Modellentwurf, in: Nachrichtenbrief des Arbeitskreises Bertolt Brecht 68 (1969), S. 50–54, hier S. 53; vgl. auch Roland Kabelitz, Anmerkung zu einem Brief Heinrich Wüllners, in: ebenda, S. 62ff., hier S. 63.

[27] Exemplarisch seien genannt: Anonymus, Einführung, in: Theater heute 4 (1968), S. 2; Anonymus, Einführung, in: Theater heute 5 (1968), S. 1; Agnes Hüfner, Demokratisierung des Theaters, in: Kürbiskern 3 (1969), S. 500–508.

[28] Hellmuth Karasek, Das neue Selbstverständnis des Theaters, in: Willy Hochkeppel (Hrsg.), Die Rolle der Neuen Linken in der Kulturindustrie, München 1972, S. 116–123, hier S. 120.

[29] Ingrid Gilcher-Holtey, Die 68er Bewegung. Deutschland – Westeuropa – USA, München 2001, S. 122.

Bewegung trug dazu bei, dass ihre Leitideen erst durch Vermittlung, das heißt auf indirektem Wege, Wirkung entfalten konnten[30].

Im Prozess der inneren Demokratisierung einzelner Berufstheater stellten die Leitideen von Selbstverwaltung und Selbstverwirklichung solche Impulse dar. Sie wurden allerdings sowohl durch theaterspezifische Erfahrungen als auch durch gesamtgesellschaftliche Entwicklungen transformiert. Die Alltagspraxis der Schauspieler und die strukturellen Bedingungen an den öffentlichen Theatern überformten somit ebenso wie die Reformdebatten und Demokratisierungsdiskurse in anderen gesellschaftlichen Teilbereichen die von der Bewegung ausgehenden Impulse. Obwohl die Theaterbeschäftigten zunächst die sehr weit reichende Perspektive von Selbstbestimmung formulierten, wurde dieser Aspekt früh relativiert und von anderen Vorstellungen überlagert. Hierzu trug neben der Radikalität des ursprünglichen Konzepts vor allem seine fehlende inhaltliche Präzision bei. Zudem konkurrierte die Forderung nach Selbstbestimmung von Beginn an mit der schwächeren Alternative der Mitbestimmung.

Im Verlauf der Zuspitzungs- und Stabilisierungsphase rückte zunehmend die Suche nach einer kompromissfähigen und im Theaterbetrieb realisierbaren Mitbestimmungslösung ins Zentrum. Einen ersten Modellentwurf dafür legte im April 1969 der Arbeitskreis Bertolt Brecht vor. Sein Ziel war die verwaltungstechnische und künstlerische Mitbestimmung des Theaterpersonals insbesondere durch einen gewählten Theaterrat mit weit reichenden Befugnissen. Der Intendant sollte Vorschlagsrecht und Vorschlagspflicht haben, jedoch mit einfacher Mehrheit überstimmt werden können[31].

Anfang 1970 entwickelte Ferdinand Sieger, Syndikus des Deutschen Bühnenvereins als Arbeitgeberverband, ein Konzept, das sich insbesondere gegen basisdemokratische Vorstellungen richtete. Abstrakt stellte es „Funktionsgerechtigkeit“ und „Humanisierung“ durch die Transparenz von Entscheidungsprozessen als Ziel jeder Demokratisierung in den Vordergrund. Der Bühnenverein machte sich diesen Entwurf weitgehend zu eigen und plädierte dafür, die Mitbestimmung auf ein einfaches Mitsprache- und Informationsrecht in künstlerischen Fragen sowie auf einschneidende betriebliche Veränderungen zu beschränken. Die GDBA war darüber hinaus bestrebt, die bereits bestehende Personalvertretung auf administrativer Ebene

[30] Vgl. insbesondere Joachim Raschke, Soziale Bewegungen. Ein historisch-systematischer Grundriss, Frankfurt a. M./New York 1985, S. 122f.

[31] Vgl. Joachim Althaus u. a., Entwurf eines Mitbestimmungsstatus zur Demokratisierung des Theaters in der Bundesrepublik, in: Kürbiskern 4 (1969), S. 743–746.

zu stärken. Dagegen stellten die Beschäftigten zwar zunächst ihr ursprüngliches Ziel einer basisdemokratischen Selbstbestimmung zurück, bestanden jedoch auf einem formell geregelten Mitbestimmungsrecht. Unter diesen Ausgangsbedingungen setzte im Herbst 1969 die Institutionalisierungsphase ein.

Eine Umfrage des Arbeitskreises Bertolt Brecht am Ende der Spielzeit 1969/70 zum Stand der Mitbestimmungsbemühungen zeigte: Trotz großer Bereitschaft zu informeller Demokratisierung der Berufstheater ging die Ausweitung von Partizipationschancen kaum über verbesserte Kommunikations- und Informationsstrukturen sowie einige freiwillig gewährte Mitspracherechte hinaus. Die Theaterhierarchie stand nicht infrage. Mit der Spielzeit 1970/71 allerdings ließ die Demokratisierung des Berufstheaters die Phase theoretischer Erörterungen hinter sich: Die seit 1962 bestehende Schaubühne am Halleschen Ufer in Berlin gründete sich auf der Basis eines Mitbestimmungsmodells gleichsam neu. Mit Direktorium und Vollversammlung der künstlerischen, technischen und administrativen Mitarbeiter wurde zwar keine Selbstbestimmung des Ensembles, wohl aber eine in Deutschland einmalige Form von Mitbestimmung etabliert.

Am 14. August 1972 trat nach langen Verhandlungen auch die Mitbestimmungsvereinbarung an den – kameralistisch geführten – Städtischen Bühnen Frankfurt in Kraft[32]. Anstelle eines Intendanten wurde ein Dreierdirektorium etabliert, das anfangs aus dem Regisseur Peter Palitzsch, dem Bühnenbildner Klaus Gelhaar und dem Schauspieler Peter Danzeisen bestand. Die Schwierigkeiten der praktizierten Mitbestimmung waren in Frankfurt und Berlin vergleichbar: Hier wie dort war das Ensemble durch den hohen Aufwand an Arbeitsenergie und Zeit gefordert, hier wie dort waren die Diskussionen nicht immer konstruktiv; zudem zeigte sich an vielen Kleinigkeiten die Eitelkeit der Regisseure. Hinzu kamen Konflikte zwischen künstlerischem und technischem Personal. Die Vollversammlungen in Frankfurt sollten einen Konsens zwischen fast siebzig Leuten herstellen – im Alltag ein Ding der Unmöglichkeit. Darüber hinaus fanden die meisten Inszenierungen trotz eines insgesamt hohen inszenatorischen Anspruchs wenig Anklang beim Frankfurter Publikum.

[32] Vgl. Gert Loschütz/Horst Laube, War da was? Theaterarbeit und Mitbestimmung am Schauspiel Frankfurt 1972–1980, Frankfurt a. M. 1980. Vgl. auch Manfred Kittel, Das Frankfurter Modell kommunaler Kulturpolitik. Anspruch und Wirklichkeit einer „Demokratisierung" der Gesellschaft, in: Udo Wengst (Hrsg.), Reform und Revolte. Politischer und gesellschaftlicher Wandel in der Bundesrepublik Deutschland vor und nach 1968, München 2011, S. 61–74.

Festzuhalten bleibt: In der Auseinandersetzung um die Mitbestimmung politisierten sowohl Theaterbeschäftigte als auch Kulturpolitiker und Öffentlichkeit die innere Struktur der öffentlichen Theater. Die Ansätze, Selbstverwaltung oder verbindliche Vereinbarungen nachhaltig zu verankern, blieben aber beschränkt. Als Palitzsch 1980 zurücktrat, wurde die Mitbestimmung an den Städtischen Bühnen aufgehoben. Zu diesem Zeitpunkt waren am Theater am Turm wie an anderen öffentlichen Theatern der Bundesrepublik alle – auch informellen – Betriebsvereinbarungen wieder rückgängig gemacht worden. Dagegen entfaltete die Demokratisierung nachhaltige Wirkung vor allem dort, wo sie neue Deutungs- und Wahrnehmungsmuster in den Theaterbetrieben verankerte und dadurch indirekt zu einer Neudefinition des Theaters beitrug. „Von dem Ruf nach Mitbestimmung", fasste Günther Rühle 1981 rückblickend zusammen, „ist im Theater [...] viel verändert worden: die Umgangsformen, die Informationsbereitschaft der Direktionen, die Bereitschaft zur meinungsbildenden Diskussion vor den Entscheidungen der Führung."[33]

6. Fazit: Alles nur Theater?

War somit letztlich die Politisierung des Theaters, die Theatralisierung des Politischen in den 1960er Jahren nichts als Theaterdonner? Die kulturgeschichtliche Perspektive erlaubt einen differenzierteren Blick. Sie zeigt: Die Protestereignisse sowie die Leitideen der APO verstärkten theaterinterne Auseinandersetzungen über Funktion und Aufgabe des Theaters und gaben praktische Impulse für institutionelle Veränderungen. Zudem rückte die direkte Konfrontation von APO und Theaterleuten die Frage nach der Eigenlogik und den politischen Möglichkeiten des Mediums Theaters ins Blickfeld. Dennoch: Indem die Bewegung mehrheitlich künstlerische Formen als manipulativ kritisierte und andere Ausdrucksmittel einforderte, setzte sie der angestrebten institutionellen Öffnung des Theaters neue Grenzziehungen auf ästhetischer Ebene entgegen.

Entauratisierung, Entinstitutionalisierung und kulturelle Eigeninitiative sind die drei Facetten des Politisierungsprozesses, der in den 1960er Jahren begann und Theater wie Straße gleichermaßen erfasste. Dieser Prozess führte zu einer größeren Vielfalt theatraler Formen und inszenatorischer Möglichkeiten. Dabei bestimmten die Akteure in Debatten sowie im theatralen

[33] Frankfurter Allgemeine Zeitung vom 6.7.1981: „War alles umsonst? Mitbestimmung in kulturellen Institutionen: Das Beispiel Theater".

Kommunikationsprozess Aufgabe und Funktion von Theater beziehungsweise Theatralität gegenüber bisherigen kulturpolitischen Deutungsmustern neu. Gleichwohl begründete die Pluralität kultureller Formen kein verbindendes politisches Selbstverständnis. Deshalb konnte – um mit Hilmar Hoffmann zu sprechen – keine „Kultur für alle“ entstehen, die in der Lage gewesen wäre, „landläufige Vorurteile gegen Nichtetabliertes“[34] auf Dauer durchzusetzen und neue verbindliche kulturelle Deutungsmuster zu schaffen.

[34] Hilmar Hoffmann, Kulturpolitik – Auf dem Weg zur Kulturgesellschaft?, in: ders./Heinrich Klotz (Hrsg.), Die Kultur unseres Jahrhunderts, Bd. 6: 1970–1990, Düsseldorf u. a. 1990, S. 33–53, hier S. 42; vgl. auch Hilmar Hoffmann, Kultur für alle. Perspektiven und Modelle, Frankfurt a. M. ^{2}1981.

Björn Lück

Gegen Textherrschaft

Auseinandersetzungen um journalistische Selbstbestimmung Ende der 1960er Jahre

1. Prolog

Endlich schreiben können, was man will. Endlich Rotstift und Schere der verlegerischen Bevormundung zerbrechen und die Werke journalistischer Ingeniösität ungekürzt publizieren. Endlich die Öffentlichkeit über die wirklich wichtigen Dinge informieren können. Sollte der Traum der „Spiegel"-Redakteure in Erfüllung gehen? Gewinnbeteiligung sofort und paritätische Beteiligung am Unternehmen ein paar Jahre später: Das Angebot, das Rudolf Augstein seinen Mitarbeitern im Dezember 1969 auf einer Betriebsversammlung machte, erstaunte nicht nur die versammelte Belegschaft, sondern auch die gesamte Verlegerlandschaft. Augstein reagierte damit auf einen Vertragsentwurf, den seine Redakteure ihm einen Monat zuvor vorgelegt und in dem sie Mitbeteiligung aller „Spiegel"-Beschäftigten am Unternehmen gefordert hatten – vor allem aber redaktionelle Mitbestimmung in Personalfragen. Augstein schien mit seinem Angebot zumindest eine ihrer Forderungen zu erfüllen und mit der angebotenen Hälfte seines Unternehmens sogar übererfüllen zu wollen. Doch letztendlich ging es ihm darum, die Hauptforderung seiner Redakteure nach journalistischer Selbstbestimmung zu unterminieren.

Auch in zahlreichen anderen westdeutschen, französischen, englischen, italienischen, amerikanischen und lateinamerikanischen Zeitungen und Zeitschriften kämpften Journalisten Ende der 1960er Jahre um Selbstbestimmung in der Berichterstattung. Bis zu diesem Zeitpunkt hatten die Verleger gegenüber ihren Redakteuren – weberianisch formuliert – die Chance, Befehle durchzusetzen, die die Gestaltung journalistischer Artikel betrafen. Diese Chance speiste sich aus der Möglichkeit der Verleger, Ungehorsam ihrer Redakteure auf schmerzhafte Weise durch Kündigung zu bestrafen. Um der Textherrschaft ihrer Verleger ein Ende zu setzen, forderten die Redakteure Mitbestimmung in Personalfragen. Ihr Kampf gegen Textherrschaft stellte in gewisser Hinsicht eine Wirkung der 68er-Bewegung dar, die im Rahmen dieses Beitrags beschrieben werden soll.

2. Inkludierende und exkludierende „innere Pressefreiheit". Deliberalisierungsprozesse in den 1960er Jahren

War der Kampf um journalistische Selbstbestimmung – „innere Pressefreiheit" hieß dies zeitgenössisch – „hervorgewachsen aus dem Umfeld der Protestbewegung" und wurde er „vorangetrieben von einzelnen besonders engagierten ‚68ern'"? Trifft es zu, dass die „‚68er'-Journalisten" und „APO-sozialisierten Redakteure" mit ihrer „Verve und Begeisterungsfähigkeit" die „45er", die bedingt durch die Pressekonzentration „Beeinträchtigungen journalistischer Freiheit" fürchteten, fasziniert und zum Mitkämpfen motiviert haben, und erklärt dies das Aufbegehren der Redakteure Ende der 1960er Jahre[1]? Zunächst einmal waren die Idee und das Projekt „innerer Pressefreiheit" historisch gewachsene Phänomene, bei denen die Protestbewegung keine prominente Rolle spielte. Die Frage geistiger Entfaltungsmöglichkeiten beschäftigte Journalisten, seitdem in der zweiten Hälfte des 19. Jahrhunderts die Personalunion zwischen Redakteur und Verleger aufzubrechen begann und die „Zeitung, d.h. die Information, zur Ware"[2] wurde. Journalisten begannen, sich in regionalen Verbänden zu organisieren, die schließlich 1910 zum „Reichsverband der deutschen Presse" (RDP) zusammengefasst wurden. Dieser brachte Initiativen für Tarifverträge und Gesetze vor, die für das gesamte deutsche Zeitungswesen gelten sollten und auf den ersten Blick als Einhegungs- beziehungsweise Sprengungsversuche verlegerischer Textherrschaft gelesen werden können. Im Reichstarifentwurf von 1920 forderte der RDP: „Im Rahmen der allgemeinen politischen, wirtschaftlichen und kulturellen Gesamthaltung der Zeitung ist die geistige Gestaltung ausschließlich Sache der Redaktion."[3]

Dieser Entwurf, der ein Gebot journalistischer Selbstbestimmung darstellte, blieb ein Entwurf. Doch selbst dann, wenn er Gesetzeskraft erlangt hätte, hätte er an verlegerischer Textherrschaft nichts ändern können. Der Entwurf sah keine Strafen für den Fall vor, dass die Rechte, die er den Redakteuren garantierte, verletzt wurden. Aber auch mit eingebauten Sanktionen hätten die Freiheiten der Redakteure nicht etabliert und ab-

[1] Christina von Hodenberg, Konsens und Krise. Eine Geschichte der westdeutschen Medienöffentlichkeit 1945–1973, Göttingen 2006, S. 413, S. 415f. und S. 437.

[2] Dieter Stammler, Die Presse als soziale und verfassungsrechtliche Institution. Eine Untersuchung zur Pressefreiheit nach dem Bonner Gesetz, Berlin 1971, S. 358.

[3] Abgedruckt in: Marie Matthies, Journalisten in eigener Sache: Zur Geschichte des Reichsverbandes der deutschen Presse. Eine Rückschau mit Dokumentation zum zwanzigjährigen Bestehen des Deutschen Journalisten-Verbandes, Berlin 1969, S. 154–163, Zitat S. 162.

gesichert werden können. Warum? Sanktionen für die Missachtung journalistischer Selbstbestimmung können nur dann hilfreich für Journalisten sein, wenn der Tatbestand ausgeübter Textherrschaft nachgewiesen werden kann. Doch ein Verleger hinterlässt in der Regel bei der Ausübung von Textherrschaft keine eindeutigen Spuren. Der Verleger muss seinen Redakteuren die Aussicht auf Sanktionen bei Ungehorsam nicht permanent sprachlich eröffnen, etwa durch die Artikulation einer Kündigungsdrohung. Auch muss er nicht jeden seiner Befehle aussprechen. Er kann darauf setzen, dass seine Redakteure die Konsequenzen von Ungehorsam kennen, dass sie seine Befehle antizipieren können und dass sie sich deshalb in Selbstzensur üben oder, wie Henrik M. Broder es auf den Punkt brachte, die „Schere im Kopf“[4] walten lassen. Spuren hinterlässt der Verleger nur dann, wenn er einen unbeugsamen Redakteur entlässt, um ein Exempel zu statuieren. Doch die Chancen, in einem solchen Fall den tatsächlichen Kündigungsgrund nachzuweisen, dürfen als eher gering veranschlagt werden.

Auch über den Weg eines Verbots verlegerischer Textherrschaft kann diese nicht gesprengt, kann journalistische Selbstbestimmung nicht hergestellt werden. Dies hatten beispielsweise der RDP in seinem Entwurf über ein „Gesetz betreffend die Rechtsverhältnisse der Redakteure (Journalistengesetz)“[5] von 1924 oder der „Deutsche Journalisten-Verband“ in seinem „Entwurf eines Gesetzes über die Rechtsverhältnisse der Journalisten (Journalistengesetz)“[6] von 1953 versucht. Beide Entwürfe sahen Geld- oder Gefängnisstrafen für den Verleger vor, wenn dieser einen Redakteur dazu nötige, „seine Berufspflicht zur Wahrung öffentlicher Interessen“[7] zu verletzen beziehungsweise versuche, „die Freiheit der Meinungsäußerung“ einzuengen[8]. Aufgrund des nur schwer zu erbringenden Beweises verlegerischer Nötigung hätten sich diese Regelungen in der Praxis wohl kaum operationalisieren lassen.

Ein dritter Weg zur Sprengung verlegerischer Textherrschaft findet sich in Forderungen einzelner Landesjournalistenverbände von 1948: Aus den „Lizenzträgern und den Redakteuren“ sollte „ein Redaktionsrat gebildet werden, der auch über Einstellungen und Entlassungen entscheiden

[4] Henrik M. Broder (Hrsg.), Die Schere im Kopf. Über Zensur und Selbstzensur, Köln 1976.

[5] Der Entwurf ist nachzulesen bei: Matthies, Journalisten, S. 172–175.

[6] Abgedruckt in: Klaus-Detlef Funke/Ernst Theilen (Hrsg.), Pressefreiheit und Mitbestimmung, Bonn-Bad Godesberg 1977, S. 156–164.

[7] Zit. nach Matthies, Journalisten, S. 174.

[8] Zit. nach Funke/Theilen (Hrsg.), Pressefreiheit, S. 159.

müsse“[9]. In diesen Passagen klang der Gedanke redaktioneller Mitbestimmung in Personalfragen an. Unklar blieb jedoch, ob Mitbestimmung stark oder schwach konzipiert war beziehungsweise wie der gemeinsame Entscheidungsprozess gestaltet werden sollte (Konsultation, Widerspruchsrecht oder Vetorecht der Redakteure).

Der Entwurf eines Statuts für die Münchner „Abendzeitung“ von 1969, das zum Bestandteil aller Arbeitsverträge zwischen dem Verlag und den Mitgliedern und Mitarbeitern der Redaktion werden sollte, sah demgegenüber eine starke redaktionelle Mitbestimmung in Personalfragen vor. Die Einstellung und Kündigung von Redakteuren sollte an die Zustimmung des Redaktionsrates gebunden werden. Im Entwurf hieß es dazu:

> „Der Chefredakteur oder sein Stellvertreter [...] kann nicht gegen den Widerspruch des Redaktionsrates endgültig berufen oder entlassen werden. [...] Alle anderen personellen Veränderungen innerhalb der Redaktion können nicht gegen den Widerspruch des Redaktionsrates vorgenommen werden.“[10]

Weitgehende Mitbestimmung der Redaktion in Personalfragen, wie sie in diesem Entwurf gefordert wurde, macht verlegerische Textherrschaft unmöglich, indem sie ihre Funktionsbasis sprengt. Der zitierte Entwurf entstand während eines breiten redaktionellen Aufbegehrens gegen verlegerische Textherrschaft im Zuge der sogenannten „Statutenbewegung“ Ende der 1960er Jahre.

Starke redaktionelle Mitbestimmung in Personalfragen ist, so lässt sich folgern, der Schlüssel zu journalistischer Selbstbestimmung. Aber warum streckten Journalisten erst Ende der 1960er Jahre die Hände danach aus[11]? Verfügten Journalisten bis dato nicht über die Konzepte von substantieller Mitbestimmung und journalistischer Selbstbestimmung? War ihnen die Möglichkeit, im Blatt das publizieren zu können, was sie wollten, egal? Trug erst die 68er-Bewegung jene Konzepte in die Redaktionsstuben? Paul Sethe, Publizist, Journalist und einer der Gründungsherausgeber der „Frankfurter Allgemeinen Zeitung“, schrieb 1965 in einem Leserbrief an den „Spiegel“:

[9] Zit. nach Klaus-Detlef Funke, Innere Pressefreiheit. Zu Problemen der Organisation von Journalisten, München 1972, S. 49.

[10] Abgedruckt in: Ansgar Skriver, Schreiben und schreiben lassen. Innere Pressefreiheit – Redaktionsstatute, Karlsruhe 1970, S. 104ff.

[11] Insgesamt wurde ein gutes Dutzend an Statuten im Bereich der Zeitungen und Zeitschriften implementiert (vgl. Christina Holtz-Bacha, Mitspracherechte für Journalisten. Redaktionsstatuten in Presse und Rundfunk, Köln 1986, S. 26). Vier davon (das Statut der „Zeit“, der „Süddeutschen Zeitung“, des „Stern“ und des „Mannheimer Morgen“) enthielten starke redaktionelle Mitbestimmungsrechte in Personalfragen, die entweder direkt oder indirekt greifen sollten.

„Das Verhängnis sitzt tiefer. Es besteht darin, daß die Besitzer der Zeitungen den Redaktionen immer weniger Freiheit lassen, daß sie ihnen immer mehr ihren Willen aufzwingen. Da aber die Herstellung von Zeitungen und Zeitschriften immer größeres Kapital erfordert, wird der Kreis der Personen, die Presseorgane herausgeben können, immer kleiner. Damit wird unsere Abhängigkeit immer größer und immer gefährlicher. [...] Durch den deutschen Journalismus geht eine tiefe Melancholie. [...] Pressefreiheit ist die Freiheit von zweihundert reichen Leuten, ihre Meinung zu verbreiten."[12]

Und 1966 notierte der „keineswegs revolutionsverdächtige"[13] Bonner Korrespondent der Wochenzeitung „Christ und Welt", Wolfgang Höpker: „Die Pressefreiheit scheint immer mehr von der Journalistenfreiheit zu einer Verlegerfreiheit zu degenerieren, zu einem Ableger der Wirtschaftsfreiheit".

Beide gingen also implizit davon aus, dass Pressefreiheit, und gemeint war hier „innere Pressefreiheit" und journalistische Selbstbestimmung, einst existiert hatten. Wie konnte das sein? In der Betrachtung verlegerischer Textherrschaft muss zwischen der Ausübung von und der Verfügung über Textherrschaft differenziert werden. Journalistische Selbstbestimmung ist somit nicht nur ausschließlich als exkludierende Freiheit zu konzipieren, die darauf basiert, dass der Verleger Textherrschaft nicht ausüben kann. Die Herstellung exkludierender journalistischer Selbstbestimmung ist an die Sprengung von Textherrschaft und damit die Implementierung redaktioneller Mitbestimmung in Personalfragen gebunden. Journalistische Selbstbestimmung ist aber auch als inkludierende Freiheit konzipierbar, die darauf basiert, dass der Verleger auf die Ausübung von Textherrschaft verzichtet. In seinen 1919 veröffentlichten Lebenserinnerungen schilderte Karl Bücher, von 1878 bis 1880 Redakteur der „Frankfurter Zeitung" die folgende Szene: Der Verleger der Zeitung, Leopold Sonnemann, habe im Winter 1879/80 eine Resolution in den Reichstag eingebracht. Diese Resolution sei von einer bestimmten Prämisse ausgegangen, die er, Bücher, in einem Leitartikel widerlegt habe. Diesen Leitartikel habe dann ein Kollege Sonnemanns diesem kurz vor seiner Rede im Reichstag überreicht. Später habe Sonnemann Bücher „im Tone der Mißbilligung" gefragt, was dieser an seiner Stelle dem Kollegen erwidert hätte. Bücher schlug, so seine Erinnerung, vor: „Da sehen Sie, wie selbständig meine Redakteure sind", und fuhr in seinen Memoiren fort:

[12] Der Spiegel vom 5. 5. 1965: „Frei ist, wer reich ist".
[13] Skriver, Schreiben, S. 13; das folgende Zitat findet sich ebenda.

„Wenn ich nun auch nicht erwarten kann, daß er dieser Auffassung sich angeschlossen haben wird, so wußte er doch gut genug, daß unter irgendeinem Meinungszwang geistige Arbeit nicht gedeihen kann, und ließ uns gewähren."[14]

Bücher beschrieb nichts anderes als das Prinzip inkludierender journalistischer Selbstbestimmung. Journalisten kannten demnach dieses Konzept und wertschätzten die Möglichkeit, das im Blatt publizieren zu können, was sie wollten. Doch darf seine Feststellung, dass in der „Frankfurter Zeitung" inkludierende journalistische Selbstbestimmung herrschte, nicht einfach pauschaliert werden. Jörg Requate schildert für das 19. Jahrhundert eine Reihe von Beispielen verschiedener Zeitungen und Verlage, in denen der Verleger Einfluss auf die redaktionelle Arbeit nahm:

„Wohl eher unbeabsichtigt, aber dafür umso erhellender wies [selbst] Bücher gleichzeitig auf die Grenzen der Meinungsfreiheit hin. Jedem Redakteur sei die ‚volle Freiheit in der Vertretung seiner Überzeugung' gestattet gewesen, ‚solange diese sich innerhalb der Grundsätze der Volkspartei hielt'."

Noch einmal: Wie konnten Paul Sethe und Wolfgang Höpker vor diesem Hintergrund 1965/66 implizit den Gedanken formulieren, dass inkludierende journalistische Selbstbestimmung, und nur die konnte überhaupt gemeint sein, einst existiert hatte? Es bleibt festzuhalten, dass ein Verleger gegenüber einem Journalisten, der auf seiner politischen „Wellenlänge" liegt, auf die Ausübung von Textherrschaft verzichten kann und wird, da zu erwarten ist, dass dieser ohne lauten oder stillen Zwang von vornherein Texte produzieren wird, die dem Verleger gefallen. Der Rahmen inkludierender Pressefreiheit wird somit durch das quantitative Verhältnis zwischen der Gesamtzahl von Journalisten auf der einen und der Gesamtzahl unabhängiger publizistischer Einheiten auf der anderen Seite abgesteckt. Schenkt man Sethe und Höpker Glauben, dann konnten einst ausreichend Journalisten einen Verleger finden, mit dem sie sich politisch verstanden – ausreichend dafür, dass die Erfahrung verlegerischer Textherrschaft zu gering war, um allgemein als Problem empfunden zu werden. In diesem Sinn ist auch Requates Einschätzung zu sehen, „daß ein enges, wenn nicht gar freundschaftliches Verhältnis zwischen Verlegern und Redakteuren nicht selten war." In den Jahren 1954 bis 1976 reduzierte sich die Anzahl unabhängiger publizistischer Einheiten von Tageszeitungen, ohne entsprechenden Rückgang der absoluten Zahl an Arbeitsplätzen, von 225 auf

[14] Zit. nach Jörg Requate, Journalismus als Beruf. Entstehung und Entwicklung des Journalistenberufs im 19. Jahrhundert, Deutschland im internationalen Vergleich, Göttingen 1995, S. 204; die folgenden Zitate finden sich ebenda und auf S. 207.

121[15]. Gerade diesen Prozess der Pressekonzentration sprachen Sethe und Höpker an. Die Chancen für einen Journalisten, einen Verleger zu finden, der seine politische Ausrichtung teilte, wurden immer geringer, verlegerische Interventionen in die journalistische Arbeit häuften sich, Textherrschaft wurde immer mehr als generelles Problem empfunden. Doch noch begehrten Journalisten nicht auf, um exkludierende „innere Pressefreiheit" zu fordern, in deren Gestalt journalistische Selbstbestimmung, wenn überhaupt, nur noch denkbar war. Noch war die Forderung nach redaktioneller Mitbestimmung in Personalfragen nicht vernehmbar. Warum?

Die Soziale Bewegungsforschung geht unter anderem davon aus, dass soziale Bewegungen durch „politische Gelegenheiten" geprägt sind und selbst „politische Gelegenheiten" für sich und andere schaffen. Sidney G. Tarrow definiert „politische Gelegenheit" wie folgt:

> „By the concept of political opportunity, I mean consistent – but not necessarily formal or permanent – dimensions of the political environment or of change in that environment that provide incentives for collective action by affecting expectations for success or failure."[16]

Ob kollektives Handeln zustande kommt, hängt laut Tarrow entscheidend davon ab, welche Erfolgsaussichten ihm beigemessen und für wie realisierbar die damit verbundenen Leitideen gehalten werden. Die Protestbewegung, deren Anhänger ähnliche Ideen wie die Journalisten hatten, markierte eine „politische Gelegenheit" für Letztere. Unter dem Eindruck der 68er-Bewegung nährten sie die Überzeugung, dass die Herstellung „innerer Pressefreiheit" machbar sei. Die Idee exkludierender journalistischer Selbstbestimmung wurde damit auf entscheidende Art und Weise handlungsleitend. Akteure der Protestbewegung, die Journalisten wurden oder dies schon waren, beschleunigten und intensivierten hierbei nicht die Genese der Idee „innerer Pressefreiheit", sondern die „Horizont-Verschiebung" im Bereich kognitiver Möglichkeitsräume.

[15] Vgl. Edwin Kau, Die Mitbestimmung in Presseunternehmen. Eine rechtssoziologische Untersuchung, Hamburg 1977, S. 62.

[16] Sidney G. Tarrow, Power in Movement. Social Movements and Contentious Politics. Revised and Updated Third Edition, Cambridge 2011, S. 163.

3. Die zweite „Spiegel"-Affäre. Augstein und seine Redakteure im Kampf um Mitbestimmung und Mitbeteiligung

In der „Spiegel"-Affäre 1962, in der Theo Sommer euphorisch den „Epilog auf den deutschen Obrigkeitsstaat"[17] sah, ging es um die Grenzen staatlicher Interventionsmöglichkeiten in die Presseberichterstattung und damit um „äußere Pressefreiheit". Sieben Jahre später hatte sich Rudolf Augstein erneut der Frage von Pressefreiheit zu stellen, diesmal ging es um „innere Pressefreiheit" und damit um die Grenzen verlegerischer Interventionsmöglichkeiten in die Berichterstattung und die Texte von Journalisten. Bildeten die zwischen Augstein und seinen Redakteuren entbrannten Auseinandersetzungen um journalistische Selbstbestimmung den Epilog auf verlegerische Textherrschaft im „Spiegel"?

Rudolf Augstein „hat nie realisiert, dass er mit der Weggabe der Hälfte des Unternehmens auch die Mitbestimmung gewährt hat"[18]. Dies gab Werner Funk, 1986 bis 1991 Chefredakteur des Nachrichtenmagazins, 1989 zu Protokoll und sprach damit die zweite „Spiegel"-Affäre an, an deren Ende 1974 Redakteure, Dokumentationsjournalisten und Verlagsangestellte die Hälfte des Unternehmens für 17 Millionen Mark erwarben, die sie aus ihrer Gewinnbeteiligung seit 1970 angespart hatten. Organisiert in der Kommanditgesellschaft Beteiligungsgesellschaft für Spiegel-Mitarbeiter mbh & Co. übernahmen sie 49,5 Prozent der Anteile an der Spiegel-Verlag Rudolf Augstein GmbH & Co. KG. Rudolf Augstein sollte fortan 24,75 Prozent, Gruner und Jahr ebenfalls 24,75 Prozent und die Rudolf Augstein GmbH ein Prozent an der Kommanditgesellschaft halten. An der Rudolf Augstein GmbH, die als Komplementärin der Kommanditgesellschaft deren Geschäfte führte, übernahm die Mitarbeiter KG wiederum 48 Prozent der Anteile (Rudolf Augstein 23 Prozent, Gruner und Jahr 25 Prozent und Hans Detlev Becker vier Prozent). Beschlüsse der Gesellschafterversammlung der Rudolf Augstein GmbH konnten nur mit einer Mehrheit von 76 Prozent gefasst werden. Die Mitarbeiter KG hatte in der Gesellschafterversammlung sogar einen Stimmanteil von 50 Prozent. Hans Detlev Becker musste sich bei Abstimmungen auf Wunsch eines anderen Gesellschafters der Stimme enthalten. Die Geschäftsführer benötigten unter anderem für die folgenden Geschäfte die Zustimmung durch einen Gesellschafterbeschluss und damit letztendlich

[17] Die Zeit vom 24. 10. 2002: „Augstein raus und Strauß hinein!"
[18] Zit. nach Frankfurter Rundschau vom 8. 11. 1989: „Ein goldenes ‚Spiegel'-Jahr, aber die Mannschaft murrt".

die Zustimmung der Mitarbeiter KG: Einstellung und Entlassung von Chefredakteuren, Verlagsleitern und Prokuristen; Aufstellung des Jahresfinanzplans; Kauf oder Verkauf von Verlagsobjekten, Beteiligung an sonstigen Geschäften; grundlegende und nachhaltige Änderung der inneren Organisation des „Spiegel"-Verlags oder der Redaktion des „Spiegel". Die Rechte der Mitarbeiter KG wurden (und werden bis heute) durch fünf aus den Reihen der Mitarbeiter stammende und von diesen auf drei Jahre gewählte ehrenamtliche Geschäftsführer wahrgenommen, die nicht an ein imperatives Mandat gebunden sind[19]. Ging durch diese Mitbestimmungsrechte der Traum von journalistischer Selbstbestimmung für die „Spiegel"-Redakteure in Erfüllung?

Augstein hatte die APO mit Geld und Worten in einigen ihrer Forderungen und Positionen, wie beispielsweise der Opposition gegen die geplanten Notstandsgesetze, unterstützt[20]. Er hatte im „Spiegel" Verständnis für ihre generelle Kritik am bestehenden System geäußert[21], distanzierte sich jedoch von der daraus gezogenen Konsequenz der Revolution, die aus seiner Sicht nicht das adäquate Mittel war, um das marode und reformbedürftige „Bonner System" zu überwinden. Ferner warf er der APO vor, über kein geschlossenes Konzept dafür zu verfügen, welche staatliche und gesellschaftliche Ordnung auf das „Bonner System" folgen sollte[22]. Im System „Spiegel" gab Augstein den Ton an. Dieter Just, der im Rahmen seiner Dissertation über den „Spiegel" 1962 im Verlag hospitiert hatte, brachte es 1966 wie folgt auf den Punkt:

> „In Wirklichkeit geht Augsteins Einfluss auf die redaktionelle Arbeit und den Inhalt der Zeitschrift sogar weiter, als die Herausgeberstellung vermuten lässt: de facto war

[19] Vgl. Leo Brawand, Rudolf Augstein, Düsseldorf 1995, S. 195; Ulrich Greiwe, Augstein. Ein gewisses Doppelleben, München [2]2003, S. 242; Peter Merseburger, Rudolf Augstein. Biographie, München 2007, S. 438; das „Mitbeteiligungsmodell (Alternative II)" von Rudolf Augstein, ist abgedruckt in: Bodo Zeuner, Veto gegen Augstein. Der Kampf in der Spiegel-Redaktion um Mitbestimmung, Hamburg 1972, S. 213 ff.; Dokumentation im Verlagshaus des „Spiegel", Hamburg, Aktenbestand „Statutenbewegung", Abschrift der Regelungen zur Gesellschafterversammlung der Rudolf Augstein GmbH aus dem Gesellschaftervertrag vom 19. 12. 1973.

[20] Vgl. Merseburger, Augstein, S. 399; Der Spiegel vom 11. 4. 1966: „Notstand – Ende aller Sicherheit?"

[21] Vgl. Der Spiegel vom 31. 7. 1967: „Die Revolution und ihr ABC".

[22] Vgl. die Diskussion zwischen Rudolf Augstein und Rudi Dutschke im November 1967 im Auditorium Maximum der Universität Hamburg mit dem Titel: „Revolution 1967 – Studentenulk oder Notwendigkeit?"; in Auszügen abgedruckt in: Rudolf Augstein, Schreiben, was ist. Kommentare, Gespräche, Vorträge, hrsg. von Jochen Bölsche, München 2004, S. 171.

er immer Chefredakteur des Spiegel. [...] Doch redigierte er lange Zeit jeden Spiegel-Beitrag selbst und bestimmt auch heute, wo er die Fülle des Materials nicht mehr allein überschauen kann, den Inhalt des Spiegel auf den Redaktionskonferenzen und in Gesprächen mit den leitenden Redakteuren nicht nur in den Grundlinien, sondern besonders in den politischen Sparten auch im Detail."[23]

Gegen diesen massiven Einfluss begehrten 1969 die Redakteure des „Spiegel" auf. Die zweite „Spiegel"-Affäre nahm ihren Anfang mit einem Flugblatt-Manifest vom 1. April:

„Es ist höchste Zeit, auch in den publizistischen Massenmedien für eine demokratische Mitbestimmung der Produzenten zu kämpfen! Das System ‚Spiegel' ist ein System der Gewalt: [...] Gewalt gegen den einzelnen Journalisten, dem politische Erkenntnis und politisches Engagement systematisch ausgetrieben werden, Gewalt am geistigen Produkt journalistischer Arbeit, dessen Stellenwert sich nur noch nach seinem Unterhaltungsfaktor bemisst. [...] Hohe Gehälter und ‚optimale' Arbeitsbedingungen in einer Produktionskaserne, die sich mit idiotischem Aufwand als menschenfreundlich kaschiert, verschleiern dem ‚Spiegel'-Redakteur seinen unmündigen Status [...]."[24]

Unterzeichnet war das Manifest mit „Aktionsgruppe kritischer Redakteure im Spiegel-Verlag", die sich aus sechs namentlich nicht genannten Redakteuren zusammensetzte. In der „Spiegel"-Ausgabe vom 14. April 1969 antwortete der persönliche Referent Augsteins, Walter Busse, unter der Rubrik „Hausmitteilung" öffentlich auf das Manifest. Als Verfasser des Manifests wollte er „Hamburger Genossen" des SDS und einen nicht zu identifizierenden ehemaligen „Spiegel"-Redakteur ausmachen. Ferner bestritt er die Existenz einer „Aktionsgruppe kritischer Redakteure" sowohl im als auch außerhalb des „Spiegel"[25]. Die Aktionsgruppe antwortete sofort mit einem neuen Flugblatt, in dem sie den Text Busses brandmarkte als „Verdrängungstaktik, mit der das Establishment in diesem Staat seit langem jeder politischen Auseinandersetzung ausweicht."[26]

Bodo Zeuner, einer der Wortführer der Aktionsgruppe[27], auf den die Kategorie „APO-sozialisierter Redakteur"[28] zutraf, beschrieb retrospektiv das in „rüdem Apo-Ton" verfasste Flugblatt-Manifest sowie die Außer-

[23] Dieter Just, Der Spiegel. Untersuchungen zur redaktionellen Arbeitsweise, zum Inhalt und zur Wirkung eines deutschen Nachrichtenmagazins unter besonderer Berücksichtigung seiner Deutschland-Berichterstattung, Diss., Berlin 1966, S. 32.
[24] Das Flugblatt-Manifest ist abgedruckt in: Zeuner, Veto, S. 181f.
[25] Der Spiegel vom 14. 4. 1969: „Hausmitteilung Betr. AG Kritik".
[26] Dokumentation im Verlagshaus des „Spiegel", Hamburg, Aktenbestand „Statutenbewegung", undatiertes Flugblatt der Aktionsgruppe kritischer Redakteure.
[27] Vgl. Dieter Schröder, Augstein, München 2004, S. 174.
[28] Hodenberg, Konsens, S. 413.

parlamentarische Opposition selbst als Phänomene, die „Herrschenden und Beherrschten im Hause zum erstenmal bewußt [machten], daß sich redaktionsintern etwas ändern mußte.“[29] Haben erst die APO und das Flugblattmanifest den „Spiegel“-Redakteuren ihren „unmündigen Status“, die Abwesenheit journalistischer Selbstbestimmung oder gar das Konzept der exkludierenden Variante dieser Freiheit und ihre Bedeutung vor Augen geführt? Dieser Gedanke scheint hinsichtlich der im ersten Kapitel angestellten Überlegungen weniger plausibel zu sein. Abgesehen davon hatte sich angesichts hierarchischer Strukturen im „Spiegel“ „schon seit längerem erheblicher Unmut aufgestaut“[30], ohne jedoch in eine Initiative für mehr redaktionelle Mitbestimmung zu münden.

„Es ist höchste Zeit, auch in den publizistischen Massenmedien für eine demokratische Mitbestimmung der Produzenten zu kämpfen!“ So hatte das Flugblatt-Manifest begonnen. Der Verweis-Charakter dieser Aufforderung hatte seinen Fluchtpunkt in der 68er-Bewegung. Ihre Leitidee war die Ausweitung gesamtgesellschaftlicher Partizipations- und Gestaltungschancen. Sie trat für eine Demokratisierung der Universitäten ein, die ebenso wie Zeitungsverlage zum Feld der kulturellen Produktion gehören. Sie betonte die Bedeutung studentischer Mitbestimmung, auch auf der Ebene von Personalentscheidungen. Sie hatte diese Ideen als *issues* in die öffentliche Debatte eingebracht und diese damit beeinflusst. Nach Tarrow ist die Vorstellung von Erfolgsaussichten kollektiven und ideengeleiteten Handelns essentiell für den Entschluss zum kollektiven Handeln. Eine soziale Bewegung kann die Vorstellung von Erfolgsaussichten positiv beeinflussen. Die 68er-Bewegung tat dies, u.a. im Falle der „Spiegel“-Redakteure. Die Autoren des Flugblatt-Manifests vermittelten und verstärkten die auf die Wahrnehmung der 68er-Bewegung zurückzuführende Einschätzung, dass es an der „Zeit“, ja sogar „höchste Zeit“ war, für die Idee journalistischer Selbstbestimmung einzutreten.

Im November 1969 legten sieben Redakteure, unter ihnen „Apo-sozialisierte“ sowie gemäßigtere Redakteure[31], ein Statut vor, mit dem sie einerseits redaktionelle Mitbestimmung – unter anderem in Personalfragen –, andererseits die Beteiligung aller Mitarbeiter des „Spiegel“-Verlags am Betriebsvermögen und Gewinn der „Spiegel“-Verlag Rudolf Augstein GmbH & Co. forderten[32]. Im Gegensatz zu anderen Statutenentwürfen wollten die

[29] Zeuner, Veto, S. 49f.
[30] Schröder, Augstein, S. 174.
[31] Vgl. Brawand, Augstein, S. 185.
[32] Abgedruckt in: Zeuner, Veto, S. 183–186; zum Folgenden vgl. ebenda, S. 184.

Verfasser des „Spiegel“-Statutenentwurfs verlegerischer Textherrschaft also einen doppelten Riegel vorschieben, denn eine Beteiligung am Unternehmen hätte sowohl den Redakteuren als auch den Mitarbeitern des „Spiegel“ Mitbestimmungskompetenzen auch jenseits der im Statut explizit niedergelegten Rechte eröffnet. Bis zum 3. Dezember 1969 hatten sich 146 von insgesamt 198 Redakteuren dafür ausgesprochen, den Entwurf auf einer Redaktions-Vollversammlung zu diskutieren und darüber abzustimmen.

Wie reagierte Augstein? Er versuchte die Quadratur des Kreises. Er wollte sich durch redaktionelle Mitbestimmung nicht einschränken lassen, aber auch die Forderungen der Redakteure nicht einfach ignorieren, um eine Eskalation zu vermeiden. Um sein Dilemma aufzulösen, schlug er den Mitarbeitern im Dezember 1969 zunächst eine Gewinnbeteiligung vor und stellte ihnen eine Kapitalbeteiligung von bis zu 50 Prozent in Aussicht. Seine Angestellten hätten damit als Mitgesellschafter eine Sperrminorität auf der Gesellschafterversammlung erhalten[33]. Schließlich rückte er 1970 sein Angebot in zeitlich greifbare Nähe: Schon ab 1973 sollte eine Organisation aller Mitarbeiter des „Spiegel“ gebildet werden, um die Hälfte des Verlags zu übernehmen[34]. Augstein operierte bewusst mit der Option von Mitbestimmung via Mitbeteiligung. Er wollte mit dieser Strategie drei Fliegen mit einer Klappe schlagen: Er wollte der Forderung nach Mitbeteiligung entgegenkommen, um die aufbegehrenden Redakteure in dieser Hinsicht schon einmal zu befriedigen. Er verband mit diesem Schritt die Hoffnung, dass die Redakteure die Forderung nach einem Statut vergessen oder vernachlässigen würden. Schließlich wollte er Mitbestimmung via Mitbeteiligung organisatorisch so umsetzten, dass sie de facto seine Kompetenzen nicht begrenzt hätte. Augstein dachte hierbei daran, dass die Mitarbeiter in ihrer Funktion als Mitgesellschafter ihre Mitbestimmungsrechte in Gestalt eines Delegiertengremiums ausüben sollten, das für mehrere Jahre gewählt und nicht an ein imperatives Mandat gebunden sein würde. Dieses Gremium hoffte er, relativ leicht kontrollieren zu können. Sein Plan ging zunächst nur teilweise auf.

Die Redakteure und Mitarbeiter akzeptierten das Modell, das eine Mitbeteiligung ab 1973 vorsah und ihnen damit auch Mitbestimmungsrechte als Mitgesellschafter (rollenübergreifende Mitbestimmung) einräumen würde. Doch indem sich die Redakteure mit diesem Modell einverstanden erklärten, verzichteten sie zunächst auf die Kodifizierung eines Statuts und damit auf die Implementierung von Mitbestimmungsrechten als Redakteure (rollen-

[33] Der Text der Rede, in der Augstein dieses Angebot machte, ist abgedruckt in: ebenda, S. 186–191.

[34] Das Mitbeteiligungsmodell ist abgedruckt in: ebenda, S. 213ff.

spezifische Mitbestimmung). Denn das Mitbeteiligungsmodell sah in seiner Schlussklausel vor, Verhandlungen über ein Statut erst 1973 aufzunehmen. Dies war ein Erfolg für Augstein. Doch die mit dem Delegiertengremium verbundene Regelung schmeckte den Redakteuren nicht. Sie forderten mehrheitlich ein imperatives Mandat und eine einjährige Amtszeit der Mitarbeitervertreter. Durch sein Entgegenkommen in Sachen Mitbeteiligung sah sich Augstein angesichts dieser Forderung nun in der Position, durch die Entlassung jener Redakteure wie Hermann Gremliza und Bodo Zeuner, die den Protest angeführt hatten, dem Aufstand im eigenen Haus ein Ende zu bereiten.

Augsteins Redakteure schwiegen. Der Verleger hatte sich durchgesetzt. Die angekündigten Gespräche über ein Statut fanden nie statt. „Bis vor wenigen Jahren“, stellte Karl-Heinz Krumm 1989 in der „Frankfurter Rundschau“ fest, „war freilich die Mitarbeiter KG, was die Ausschöpfung der Mitbestimmungsrechte anging, ein ziemlich lahmer Papiertiger.“[35] Krumm sah nun eine Trendwende aufziehen, als die Mitarbeiter KG Augsteins Pläne verwarf, Chefredakteure zu Geschäftsführern zu machen. Wahrhaft eine Trendwende? Die Mitarbeiter KG trat 2007, nach dem Tod Augsteins, merklich in Erscheinung, als sie die von Mario Frank, dem damaligen „Spiegel“-Geschäftsführer, geplante Übernahme der Hälfte der Anteile an der „Financial Times Deutschland“ verhinderte oder gegen eine Vertragsverlängerung des Chefredakteurs Stefan Aust stimmte.

Im „Spiegel“ scheiterte das Projekt von Mitbestimmung via Statut an der Raffinesse eines Verlegers, der hoch pokerte, um die Chance aufrechtzuerhalten, für Befehle in Sachen Textgestaltung weiterhin Gehorsam zu finden. In anderen Zeitungen/Zeitschriften waren die aufbegehrenden Redakteure erfolgreicher, zumindest in mittelfristiger Perspektive.

4. Selbstverwaltung und demokratisch legitimierte Textherrschaft als Schlüssel zu journalistischer Selbstbestimmung? Das Beispiel der „taz“

Das Projekt der „tageszeitung“ sollte dem Anspruch seiner Gründer nach, die selbst den Projektcharakter der Zeitung betonten, mehr sein als das, was knapp zehn Jahre zuvor die Redakteure des „Spiegel“, der „Zeit“ und anderer Zeitungen und Zeitschriften in die Tat umzusetzen versuchten. Hatten diese

[35] Frankfurter Rundschau vom 8.11.1989: „Ein goldenes ‚Spiegel‘-Jahr, aber die Mannschaft murrt“.

unter dem Eindruck der Protestbewegung die Gelegenheit für günstig gehalten, die Lenkungs- und Entscheidungsstrukturen in bestehenden Institutionen zu verändern und journalistische Selbstbestimmung durch Mitbestimmung herzustellen, ging es den Akteuren des Projekts „tageszeitung" 1978 um die Entwicklung eines neuen Journalismus in neuem institutionellen Gewand. Gegen keinen etablierten Verleger oder Verlag als direkten Opponenten ausgerichtet, sollte sich für sie die Machbarkeit der Tageszeitung darin entscheiden, ob es ihnen gelingen würde, „im Ausprobieren des Zeitungsmachens [...] das Zeitungsmachen [zu] lernen."[36] Rolf Schwendter definiert Gegenkultur als „progressive Subkultur" und diese wiederum als

> „Teil einer konkreten Gesellschaft, der sich in seinen Institutionen, Bräuchen, Werkzeugen, Normen, Wertordnungssystemen, Präferenzen, Bedürfnissen usw. in einem wesentlichen Ausmaß von den herrschenden Institutionen etc. der jeweiligen Gesamtgesellschaft unterscheidet" [und deren Ziel darin besteht] „den gegenwärtigen Stand der Gesellschaft aufzuheben, weiterzutreiben, einen grundsätzlich neuen Zustand zu erarbeiten."[37]

Einiges spricht dafür, die „tageszeitung", zumindest vom Ansatz her, als Gegenkultur zu beschreiben. Aber unterschied sie sich auch in der Frage journalistischer Selbstbestimmung von anderen Zeitungen?

Die „tageszeitung", die am 17. April 1979 nach ein paar Probenummern ihre erste reguläre Ausgabe herausbrachte, ging auf die Idee einer kleinen Gruppe um den Anwalt Hans Christian Ströbele und den Buchhändler Max Thomas Mehr zurück. Sie wollten eine überregionale linke, aber undogmatische Tageszeitung entwickeln. Diese sollte sich sowohl von den Zeitungen der K-Gruppen, die als zu dogmatisch, als auch von Zeitungen und Zeitschriften wie der „Frankfurter Rundschau" und dem „Spiegel", die als zu konservativ empfunden wurden, unterscheiden[38]. Diese Abgrenzungen spiegelten das Selbstverständnis der Neuen Linken wider, die sich von der alten Linken in Gestalt der etablierten sozialistischen, sozialdemokratischen und kommunistischen Parteien abheben wollte. Nach der Vorstellung dieses Zeitungskonzepts auf dem „5. Treffen der Alternativ-Zeitungen" 1977 in Berlin bildeten sich bundesweit Initiativgruppen, die das Projekt konzeptuell ausdifferenzieren und präzisieren wollten. 1978 skizzierten sie im „Prospekt Tageszeitung" das Blatt in seinen Grundrissen.

[36] Dokumentation im Verlagshaus der „taz", Berlin, Prospekt Tageszeitung, 1978.
[37] Rolf Schwendter, Zur Theorie der Subkultur, in: Volkmar Gessner/Winfried Hassemer (Hrsg.), Gegenkultur und Recht, Baden-Baden 1985, S. 11–19, hier S. 12f.
[38] Vgl. Jörg Magenau, Die taz. Eine Zeitung als Lebensform, München 2007, S. 30.

Was die journalistischen Praktiken und die journalistische Ausrichtung betraf, sollte die „tageszeitung" pluralistisch werden und nicht als Linienblatt eine bestimmte Partei oder Organisation unterstützen. Zurückgewiesen wurde das Prinzip der Objektivität, verstanden als die an eine Zeitung gerichtete Forderung, sich an Meldungen etablierter Presse- und Nachrichtenagenturen zu orientieren und „vorgefertigte" Nachrichten „kritiklos zu übernehmen".

> „Die objektive Nachricht als solche gibt es ohnehin nicht, da in jede Berichterstattung immer auch das subjektive Interesse des Berichtenden mit eingeht", hieß es im „Prospekt Tageszeitung", und weiter: „Der Fetisch Objektivität muß meist gerade dann herhalten, wenn politisch unangenehme Ansichten und Informationen totgeschlagen werden sollen."[39]

Stattdessen sollten „Betroffenenberichte" und bewusst auch Gerüchte mit Quellenangabe gedruckt werden, denn auch Gerüchte, so sahen es die Initiativgruppen, schlossen einen gewissen Wahrheitsgehalt ein. Der „Prospekt Tageszeitung" liest sich als Manifest eines Gegenjournalismus. Sollte dieser Gegenjournalismus auch die Idee und das Prinzip journalistischer Selbstbestimmung einschließen? Im „Prospekt Tageszeitung" hieß es dazu: „Wir werden so weit wie möglich versuchen, im Alltag der Zeitungsherstellung unsere Interessen an repressionsfreien Arbeits- und Lebenszusammenhängen durchzusetzen."

Wie sollte nun Repressionsfreiheit umgesetzt werden? Durch eine Gegeninstitution. Im Februar 1978 wurden der eingetragene Verein Freunde der alternativen Tageszeitung e.V. und eine Reihe von Firmen gegründet, die das institutionelle Gerüst der „taz" bilden sollten: die taz-Verlags- und Vertriebs-GmbH Berlin, der Verlag Die Tageszeitung GmbH Frankfurt, die Contrapress Satz und Druck GmbH & Co. Betriebs KG und die Compress GmbH[40]. Verträge regelten, dass der Verein diese Firmen kontrollierte. Dies wurde explizit in den Erläuterungen zur Neufassung der Vereinssatzung nach dem Erscheinen der ersten regulären Ausgabe der „taz" festgehalten. Aufgrund dieses Umstands und ferner aufgrund der Regelungen, dass, erstens, jeder „taz"-Mitarbeiter Vereinsmitglied werden konnte, zweitens, alle an der Redaktion Mitarbeitenden dies nach den Erläuterungen zur Neufassung der Satzung sogar sein sollten und, drittens, die Mitgliederversammlung gegenüber dem Vereinsvorstand weisungsberechtigt war und jederzeit

[39] Dokumentation im Verlagshaus der „taz", Berlin, Prospekt Tageszeitung, 1978.
[40] Vgl. Wolfgang Flieger, Die taz. Vom Alternativblatt zur linken Tageszeitung, München 1992, S. 106.

Entscheidungen an sich ziehen konnte[41], stellte die „taz" einen selbstverwalteten Verlag und damit in der Presse- und Verlagslandschaft einen Exoten, eine Gegeninstitution dar. Verlegerische Textherrschaft im Sinne der Herrschaft einer Einzelperson war damit in der „taz" ausgeschlossen, da sie in ihrer Struktur eine durch Besitz oder durch wesentliche Besitzanteile exponierte Einzelperson ausschloss. War aber nicht nur verlegerische Textherrschaft, sondern darüber hinaus auch Textherrschaft als solche abwesend?

Mitbestimmende Redakteure können Kündigungsinitiativen des Verlegers blockieren und sich somit gegen dessen Textinterventionen abschirmen. Die selbstverwalteten, oder besser: sich selbst verwaltenden Mitarbeiter der „taz" konnten auf der Grundlage der Vereinssatzung die Kündigung eines Redakteurs beschließen. Jeder Redakteur sollte, wie bereits erwähnt, Mitglied im Verein sein. Ein Mitglied konnte, laut Neufassung der Vereinssatzung, von der Mitgliederversammlung mit einer Zweidrittelmehrheit ausgeschlossen werden. Für einen Redakteur hätte der Vereinsausschluss damit den Ausschluss aus der Redaktion bedeutet. Aber auch unabhängig von dieser Regelung gilt es, folgendes zu berücksichtigen: der Verein kontrollierte die „taz"-Firmen und besaß allein dadurch schon die Kompetenz, etwaige Anstellungsverträge von Redakteuren aufzulösen. Textherrschaft war insofern grundsätzlich möglich und konnte gegen den einen oder den anderen Redakteur, von der einen oder der anderen Majorität im Verein ausgeübt werden. Konnten Journalisten und Redakteure der „taz" dennoch das schreiben und publizieren, was sie wollten?

Christa Kickbusch zumindest verneinte 1982 diese Frage in ihrem Kündigungsschreiben, das sie von München aus, wo sie bis dato in der Münchner „taz"-Redaktion gearbeitet hatte, nach Berlin schickte: „Ich schicke Dir eine kurze Begründung, warum ich bei der taz aufhöre. Die Stichworte sind Frauenberichterstattung, Verhältnis Berlin-Regionen, Inhaltliche [sic] Zensur." So leitete Kickbusch ihr Kündigungsschreiben ein. Des Weiteren beklagte sie sich darüber, dass sie „bestimmte Inhalte nicht mehr unterkriegen" könne, „bei einigen Artikeln [...] weibliche Endungen weggestrichen" worden seien, „ein z.Tl. kratziger, eckiger Stil vorsorglich geglättet" und „andere [Artikel] von einem vollen Maß auf eine dürre Meldung, die ebenso von dpa hätte sein können, zurechtgestutzt" worden seien, und schließlich „Berlin (oder besser, bestimmte Leute in Berlin) von uns bestimmte Sachen wollte, und uns nicht zugetraut hat, daß wir sehr wohl beurteilen können, was hier

[41] Dokumentation im Verlagshaus der „taz", Berlin, Neufassung der Satzung des Vereins „Freunde der alternativen Tageszeitung e.V.", §7, und Erläuterungen zur Satzung des Vereins, beides handschriftlich datiert auf den 12.7.1979.

wichtig ist und was nicht."[42] Kickbusch schilderte Phänomene von Textherrschaft. Aber bildete in ihrem Fall eine still oder laut artikulierte Kündigungsdrohung ihre Basis? „Es ist unerträglich, daß man in dem [sic] Regionen genau kalkulieren muß, wer wann in Berlin an welchem Apparat sitzt [sic] um bestimmte Inhalte reinzukriegen, bzw. massiv powern muß, was ich für mich ablehne." So resümierte Kickbusch die von ihr geschilderten Phänomene von Textherrschaft. Sie spielte damit auf das im „Prospekt Tageszeitung" festgehaltene Programm der Rotation in der Aufgabenverteilung und das Prinzip demokratisch kontrollierter Autorität an, welche als informelle Vereinbarung aller „taz"-Mitarbeiter einen „Mittelweg zwischen Herrschaft und Wirkungslosigkeit" ebnen sollten. Im „Prospekt Tageszeitung" hieß es dazu:

> „Delegation von spezifischer Autorität an spezifische Individuen für spezifische Aufgaben durch demokratische Verfahren. [...] Von denjenigen, an die Autorität delegiert worden ist, ist Verantwortlichkeit gegenüber denen, die sie gewählt haben, zu verlangen. Auf diese Weise hat die Gruppe Kontrolle über Leute in Führungspositionen. So mögen einzelne Macht ausüben, aber die Gruppe hat letztlich darüber zu bestimmen, wie die Macht ausgeübt wird."

Hinter diesen Sätzen verbarg sich nichts anderes als das Prinzip einer demokratisch legitimierten Textherrschaft, die auf Verantwortlichkeit der Herrschenden gegenüber den Beherrschten setzt. Der Fall von Christa Kickbusch zeigt, dass nicht in der Wahrnehmung eines jeden „taz"-Mitarbeiters verantwortlich geherrscht wurde.

5. Fazit

Wirkungen einer sozialen Bewegung zu untersuchen, ist eine analytische und methodische Herausforderung. Geht man von der Frage aus, ob es einer Bewegung gelingt, ihre Ziele direkt zu realisieren, kann die Antwort nur negativ ausfallen. In Sachen Pressefreiheit hatte sich die 68er-Bewegung in Reaktion auf die Pressekonzentration andere Ideen auf die Fahne geschrieben als Journalisten und Redakteure. Der Bewegung ging es um eine Art sozialisierter Pressefreiheit, die beispielsweise einen „öffentlichen Legitimationszwang für wichtige Personalentscheidungen"[43] beinhaltete. Redakteure streb-

[42] Dokumentation im Verlagshaus der „taz", Berlin, Christa Kickbusch an Antonio Milone vom 27.10.1982.

[43] Frank Benseler, Über literarische Produktionsverhältnisse, in: Soziologisches Lektorat (Hrsg.), ad lectores. Eduard Reifferscheid zum 18. Mai 1969, Neuwied 1969, S. 61–87, hier S. 71.

ten exkludierende journalistische Selbstbestimmung an. Teilen wollten sie ihre Pressefreiheit mit der Öffentlichkeit nicht. Aber gerade im Fall der Redakteure entfachte die Bewegung im Sinne einer „politischen Gelegenheit" Wirkung, und zwar auch dort, wo keine Redakteure, die mal mehr, mal weniger als Akteure der Bewegung charakterisiert werden können, vor Ort in den Verlagen wirken konnten. In der „Zeit" wurde die Statuteninitiative ausschließlich von etablierten, nicht 68er-Redakteuren getragen und erfolgreich abgeschlossen: in Form eines kodifizierten Statuts mit starken redaktionellen Mitbestimmungsrechten in Personalfragen. Strategisch gesehen gingen die aufbegehrenden Akteure wie eine Bewegung vor: Sie adressierten ihre Forderungen nicht an klassische politische Akteure wie Parteien oder Verbände, sondern machten sich selbst zu politischen Akteuren und suchten vor Ort mit ihrem jeweiligen Verleger die Auseinandersetzung um Machtverhältnisse, die es in privatrechtlichen Vereinbarungen, den Statuten, neu zu ordnen galt.

Meike Vogel

„1968" als Kommunikationsereignis

Die Rolle des Fernsehens

1. Fernsehen als Vermittler und Akteur

In den 1960er Jahren erlebte das Fernsehen in der Bundesrepublik einen immensen Aufschwung. Es lag daher nahe, die medienwirksamen Aktionen der Protestbewegung, die 1968 kulminierte, mit der zunehmenden Bedeutung des Fernsehens in Verbindung zu bringen. Nicht nur die Zeitgenossen, sondern auch die Akteure selbst sowie die Forschung machten die Beziehung zwischen Fernsehen und 68er-Bewegung zum Thema, so dass neben den viel beschworenen „Mythos 68" eine Art „‚Medien-Mythos" trat[1]. Betrachtet man diese Liaison genauer, tauchen Zweifel auf. Zumeist stellten die Studien, die einen Zusammenhang zwischen dem Fernsehen und dem Erfolg der 68er-Bewegung herstellten, folgende Fragen: Hat das Fernsehen zur Mobilisierung der Protestbewegung beigetragen? Identifizierten sich die Mobilisierten, vom Sog der Fernsehbilder mitgerissen, mit den über den Bildschirm vermittelten Zielen der Bewegung? Oder aber waren die Aktionen der 68er durch die Kameras beeinflusst, die sich auf sie richteten? Fanden sie „im ‚Modus' des Fernsehens" statt[2]? Es gibt Hinweise darauf, dass die primäre Zielgruppe der 68er-Bewegung, Studenten und Linksintellektuelle, das Medium aus materiellen oder ideellen Gründen gar nicht nutzte[3]. Auch wenn die massenmedial verbreiteten Bilder der Proteste für das Selbstbild der Bewegung und das kommunikative Gedächtnis ohne Frage von Bedeutung waren[4], so lässt sich ihre konkrete Wirkungsweise historisch-empirisch und

[1] Vgl. Antje Eichler, Protest im Radio. Die Berichterstattung des Bayerischen Rundfunks über die Studentenbewegung 1967/1968, Frankfurt a. M. 2005, S. 52.

[2] Bernd Weisbrod, Medien als symbolische Form der Massengesellschaft. Die medialen Bedingungen von Öffentlichkeit im 20. Jahrhundert, in: Historische Anthropologie 9 (2001/2), S. 270–281, hier S. 281.

[3] Vgl. den Tagungsbericht von Karin Fischer, „Buch, Buchhandel, Rundfunk – 1968 und die Folgen" am 5./6. Oktober 1998 in Marbach, in: Rundfunk und Geschichte 24 (1998), S. 263–264, hier S. 263, und den Tagungsbericht von Edgar Lersch, „1968" als massenmediales Ereignis, Tagung vom 3.–5. Dezember im Literaturarchiv Marbach, in: Rundfunk und Geschichte 25 (1999), S. 56ff., hier S. 58. Vgl. auch Wolfgang Kraushaar, 1968 und Massenmedien, in: AfS 41 (2001), S. 317–348, hier S. 335.

[4] Vgl. Kathrin Fahlenbrach, Protest-Inszenierungen. Visuelle Kommunikation und visuelle Identitäten in Protestbewegungen, Opladen 2002. Für eine ähnliche Argumen-

methodisch nicht exakt erfassen. Bleibt zu klären, wie das Verhältnis von Fernsehen und Protestbewegung adäquat beschrieben werden kann.

Der vorliegende Beitrag fasst die Ergebnisse meiner Dissertation „Unruhe im Fernsehen" zusammen[5]. Sie thematisiert die eingangs genannten Fragen, rückt sie aber nicht ins Zentrum des Erkenntnisinteresses. Vielmehr geht es darum, welche Bedeutung das Fernsehen für das gesellschaftliche Kommunikationsereignis „1968" hatte. Die Untersuchungen führten zu dem Ergebnis, dass das Fernsehen nicht allein als Vermittler der Proteste, sondern als Akteur im Kampf um den politischen Raum agierte. Die über den Bildschirm verbreiteten Bilder und Deutungsangebote reduzierten sich nicht auf die Weitergabe oder Zurückhaltung von Information über die Protestbewegung und die Ereignisse von „1968". Mediale Kommunikation – hier die des Fernsehens – kann nur angemessen gefasst werden, wenn sie als Teil des Ereignisses selbst untersucht wird. Diese These knüpft an Ansätze medienwissenschaftlicher Ritualforschung an, die dafür plädieren, Medienereignisse als Teil des Ereignisses zu verstehen, über das sie berichten[6]. Der Begriff Kommunikationsereignis geht über den Terminus Medienereignis hinaus, da er auch die politischen Debatten in anderen öffentlichen Foren umfasst. Im Fall der 68er-Bewegung bedeutete dies, die Bundestagsdebatten, intellektuelle Stellungnahmen, Buchpublikationen, Flugblätter der Bewegung und so weiter in die Untersuchung einzubeziehen. Pointiert formuliert: Nicht allein das Protestphänomen machte „1968" aus, sondern auch und vor allem die Debatte darüber.

Die Quellenbasis meiner Arbeit beruht auf einer fast vollständigen Rekonstruktion der zeitgenössischen Fernsehberichterstattung über die Proteste zwischen 1966 und 1969. Insgesamt habe ich 380 Fernsehbeiträge recherchiert und in einer Datenbank erfasst, 205 davon liegen als audiovisuelle Quellen vor. Zudem wurden, wenn vorhanden, die sekundäre Programmüberlieferung, Zuschauerpost, Reaktionen in anderen Medien, die Protokolle

tation zur Konstituierung der Selbstdefinitionen im linksalternativen Milieu durch mediale Darstellungen vgl. Sven Reichardt, Inszenierung und Authentizität. Zirkulation visueller Vorstellungen über den Typus des linksalternativen Körpers, in: Habbo Knoch (Hrsg.), Bürgersinn mit Weltgefühl. Politische Moral und solidarischer Protest in sechziger und siebziger Jahren, Göttingen 2007, S. 225–250.

[5] Vgl. Meike Vogel, Unruhe im Fernsehen. Protestbewegung und öffentlich-rechtliche Berichterstattung in den 1960er Jahren, Göttingen 2011.

[6] Vgl. Daniel Dayan/Elihu Katz, Medienereignisse, in: Ralf Adelmann u.a. (Hrsg.), Grundlagentexte zur Fernsehwissenschaft. Theorien, Geschichte, Analysen, Konstanz 2001, S. 413–453.

der Rundfunkgremien und Selbstzeugnisse der Journalisten und Fernsehproduzenten ausgewertet.

Der vorliegende Beitrag gliedert sich in vier Abschnitte. Zunächst nehme ich die Journalisten und den öffentlich-rechtlichen Rundfunk Ende der 1960er Jahre in den Blick, bevor ich, zweitens, die Medienstrategien der Protestbewegung skizziere und, drittens, an einem ausgewählten Beispiel die Darstellung der Proteste in der Fernsehberichterstattung aufzeige. Der Beitrag schließt mit den Reaktionen auf diese Berichterstattung innerhalb der Institutionen des Rundfunks.

2. Das Selbstverständnis der Fernsehjournalisten und der öffentlich-rechtliche Rundfunk in der Bundesrepublik

Es ist fahrlässig, von *dem* Fernsehen zu sprechen, gilt es doch, innerhalb des Fernsehens zu differenzieren: nach den jeweiligen Sendeanstalten, den Genres, den Redaktionen und Journalisten. Die Untersuchung zeigte, dass es sich in der Berichterstattung des deutschen Fernsehens über die 68er-Proteste wesentlich um gesellschaftliche Aushandlungsprozesse über die politische Ordnung handelte. Einen bedeutenden Unterschied zu Frankreich und den USA markierte die Struktur des öffentlich-rechtlichen Rundfunks. Um einen totalitären Zugriff auf die Medien wie im Nationalsozialismus zu vermeiden, hatten die Alliierten den Rundfunk mit der Schaffung einer öffentlich-rechtlichen Struktur in zweifacher Weise unabhängig zu machen versucht: zum einen vom Staat und zum anderen von privatökonomischen Interessen. Das Medium sollte der ganzen Gesellschaft verantwortlich sein. Was bedeutete das für die Berichterstattung?

Anders als etwa das französische Staatsfernsehen, das die Pariser Mai-Demonstrationen nur sehr flüchtig zeigte und die Protestakteure nur ein einziges Mal in einer Sendung selbst zu Wort kommen ließ, beschäftigte sich das öffentlich-rechtliche Fernsehen der Bundesrepublik ausführlich mit den Protestereignissen und sendete eine Vielzahl von Beiträgen über die Protestbewegung. Nicht nur die Nachrichtensendungen strahlten, beginnend mit den ersten Demonstrationen Anfang 1966, kontinuierlich Filmbeiträge über die Proteste und die Reaktionen des Staates aus. Zwischen 1966 und dem Sommer 1968 war das Thema auch in den politischen Magazinen und den damals zahlreichen Diskussionsformaten stets präsent.

In zahlreichen Dokumenten positionierten sich die „zeitkritischen“ Journalisten selbst als Element einer Opposition außerhalb des Parlaments, bestrebt, ihren Einfluss auszubauen. Angriffe von außen trugen nur dazu bei, ihre selbstbewusste Positionierung zu fördern[7]. Zu diesem Schluss kam auch ein Artikel im „Spiegel", der sich mit den Angriffen gegen das Fernsehen anlässlich der Protestberichterstattung auseinandersetzte: „Von Bonn und aller Welt verlassen, bedrängt von rechts und links, sehen sich die TV-Herren unversehens als ein Stückchen dessen, woran es in Bonn fehlt: Opposition."[8] Der Anspruch auf diese Rolle wurde den Fernsehjournalisten von staatlichen Vertretern jedoch immer bestritten, implizierte er doch, ebenso wie der Teilhabeanspruch der Außerparlamentarischen Opposition, eine Entgrenzung des Politischen. Die Diskussionen um den politischen Fernsehjournalismus einerseits und um die Einordnung der Proteste andererseits wiesen in dieser Hinsicht Parallelen auf.

3. Die Medienstrategien der 68er-Bewegung und zentrale Rahmungen der Proteste

Die Protestakteure nahmen das Fernsehen als Herrschaftsinstitution und die Berichterstattung als gegen sich gerichtet wahr. Die studentischen Gruppen fühlten sich von den Medien ausgegrenzt und beklagten, dass ihre politischen Inhalte und Forderungen entweder ignoriert, diffamiert oder als Halbstarken-Krawalle heruntergespielt würden. Letzteres bekräftigte ihre Annahme einer generell entpolitisierenden Wirkung der Medien. Als Konsequenz aus ihrer strikten Ablehnung der in der Bundesrepublik existierenden Öffentlichkeit entwickelte die Studentenbewegung einen Gegenentwurf. Der Begriff der Gegenöffentlichkeit, den sie dafür wählte, machte die Zielsetzung deutlich: Die Protestakteure hatten nicht die Absicht, an der bestehenden Öffentlichkeit teilzuhaben oder auf sie einzuwirken. Es ging ihnen vielmehr darum, eine neue unabhängige Öffentlichkeit zu etablieren, die perspektivisch Freiräume schaffen sollte. So erklärte Rudi Dutschke in einer Diskussionssendung des Norddeutschen Rundfunks (NDR) im Dezember 1967:

> „Während die Öffentlichkeit in Form und Gestalt der Massenmedien der Manipulationszentren, der täglichen Produktions- und Reproduktionsorgane, geradezu die Öffentlichkeit abgeschafft hat, so [müssen] wir sie aber immer wieder temporär durch Diskussionen und Aktion herstellen als Bedingung für die Möglichkeit, daß tendenziell sich in der ganzen Gesellschaft Öffentlichkeit durchsetzt, wo sie nicht existiert."[9]

[7] Vgl. zu den Journalisten in der Bundesrepublik die grundlegende Studie von Christina von Hodenberg, Konsens und Krise. Eine Geschichte der westdeutschen Medienöffentlichkeit, Göttingen 2006.
[8] Der Spiegel vom 27.5.1968: „Handlanger unter uns".
[9] Redebeitrag Rudi Dutschkes in der Podiumsdiskussion „Revolution 67. Studentenulk oder Notwendigkeit?", in der Reihe Forum, gesendet am 5.12.1967 im NDR.

Gegenöffentlichkeit war ein emphatischer Begriff. Praktisch umgesetzt bedeutete er zum Beispiel die Verbreitung von alternativen Presseprodukten und Flugblättern, die Gründung von alternativen Verlagen oder Zeitungen[10]. Experimentell erprobt wurde in Berlin vorübergehend auch ein Piratensender „Radio Revolution“. Eine alternative Fernsehstrategie oder gar das Konzept für einen alternativen Sender waren allein aufgrund der technischen Voraussetzungen nicht denkbar. Aber auch Kooperationen mit den Fernsehsendern wurden von den Protestakteuren nicht entwickelt, weil sie das „Herrschaftsmedium“ als Ganzes ablehnten. So beschränkten sich die Demonstranten, die am 12. April 1968, einen Tag nach dem Attentat auf Rudi Dutschke, die Parole ausgaben, den Sender Freies Berlin zu besetzen, auf die Forderung nach eigener Sendezeit. „Wir wollen nicht bevormundet werden von unseren eigenen Gegnern, die sich selbstverständlich auch im SFB auffinden“, erklärte Hans Magnus Enzensberger, der als Sprecher der Demonstranten auftrat[11]. Bleiben die Fragen, wie das Fernsehen die Protestbewegung dargestellt und dadurch die Debatten über die Proteste geprägt hatte.

Die zentralen Rahmungen zu analysieren, die das Fernsehen bereitstellte, bildet einen Schwerpunkt der Dissertation, die sich – angelehnt an Erving Goffman – am *Framing*-Konzept orientiert[12]. Die Analyse der Beiträge soll nicht zeigen, ob ein Beitrag für oder gegen eine Sache Position ergriff, sondern vor allem, in welcher Form er dies tat. Dieses Vorgehen basierte auf der Annahme, dass Rezipienten allein durch das Anschauen eines Fernsehbeitrags ihre Ansichten kaum revidieren. Diese Prämisse wird von empirischen Analysen bestätigt, die nachweisen, dass die Fernsehberichterstattung eher dazu führt, bereits bestehende Werturteile zu festigen[13]. Vor dem Hintergrund der Polarisierung Ende der 1960er Jahre wäre es also schwer gewesen, einen Berliner Protestgegner durch einen Fernsehbeitrag zur Teilnahme an einem Sit-in zu bewegen oder ein Mitglied des SDS von der

[10] Vgl. dazu die Beiträge von Claus Kröger und Björn Lück in diesem Band.

[11] DRA Potsdam-Babelsberg, SFB Dep. 6667, APO Ostern 1968, Protokoll zur Sendung „Zur Debatte“ am 18. 4. 1968 im SFB-Hörfunk.

[12] Vgl. Erving Goffman, Rahmen-Analyse. Ein Versuch über die Organisation von Alltags-Erfahrungen, Frankfurt a. M. 1996.

[13] Vgl. Werner Früh, Realitätsvermittlung durch Massenmedien. Die permanente Transformation der Wirklichkeit, Opladen 1994, S. 393f.; Bertram Scheufele, (Visual) Media Framing und Politik. Zur Brauchbarkeit des Framing-Ansatzes im Kontext (visuell) vermittelter politischer Kommunikation und Meinungsbildung, in: Wilhelm Hofmann (Hrsg.), Die Sichtbarkeit der Macht. Theoretische und empirische Untersuchungen zur visuellen Politik, Baden-Baden 1999, S. 91–107, hier S. 92.

Angemessenheit einer gewaltsamen Polizeiaktion zu überzeugen. Dagegen nehmen die Rezipienten grundlegende Deutungsrahmen eines Phänomens, die sowohl eine positive wie eine negative Bewertung ermöglichen, nach den Ergebnissen der *Framing*-Forschung durchaus auf. Diese Deutungskontexte beeinflussen die Wahrnehmung des Phänomens und prägen die daraus folgenden Bewertungen und Reaktionen. Es kommt, mit anderen Worten, auf die Rahmung der Beiträge an.

Ein Bestandteil von Rahmungen sind wiederkehrende Worte und Bilder, die sich längerfristig als Bezeichnungen der Proteste etabliert haben und auch unabhängig von den Rahmungen funktionieren. Das audiovisuelle Material sowie die vorliegenden Manuskripte und Transkripte wurden daher bezüglich der Bezeichnungen ausgewertet, die sie für die Proteste verwendeten; dazu gehörten zahlreiche Nachrichtenbeiträge, die für die Verbreitung von Informationen über die Protestbewegung von besonderer Bedeutung waren und denen die Zuschauer darüber hinaus in hohem Maße Autorität zuschrieben[14]. Hinweise auf Schlüsselbilder und Motive wurden insbesondere in zeitgenössischen Retrospektiven gesucht. Dahinter stand die Annahme, dass beispielsweise Jahresrückblicke den Anspruch verfolgten, eine möglichst repräsentative Zusammenfassung – auch auf der bildlichen Ebene – zu liefern. Zudem bestätigte sich die Annahme, dass spätere Redakteure auf diese Rückblicke rekurrierten, um ihre eigenen Reportagen über „1968“ zu illustrieren.

Welche Rahmungen wurden vorgenommen? Zwei begriffliche Spannungspaare erwiesen sich als hervorstechende Deutungskoordinaten: politisch versus unpolitisch sowie Unruhe versus Ruhe und Ordnung. Sie dienten zahlreichen Berichten als Klassifikationsschema, ordneten sie die Proteste doch als Konflikt zwischen Protestakteuren und Staatsmacht ein.

4. „Heilsame" Unruhe oder Bedrohung von Ruhe und Ordnung?

Das Schlagwort Ruhe und Ordnung hat in der deutschen Geschichte eine lange Tradition. Die Formel „öffentliche Ruhe, Sicherheit und Ordnung“ tauchte erstmals im preußischen Landrecht von 1794 auf und wurde danach im gesamten 19. Jahrhundert und darüber hinaus zur Grundlage von Maß-

[14] Der Intendant des WDR, Klaus von Bismarck, ging davon aus, dass Rundfunk und Fernsehen „häufig als offizielle Organe betrachtet werden“; Historisches Archiv WDR, 5815, Protokoll des Gesprächs über die langfristige Wirkung politischer Sendungen im Rundfunk und Fernsehen vom 29.5.1969.

nahmen der Exekutive. 1848 entwickelte sich die Ordnungsparole endgültig zum politischen Schlagwort der Restauration und stand den Begriffen Revolution, Aufruhr und Unruhe gegenüber.

Welchem Bedeutungswandel diese Parole im Laufe der Zeit auch unterlag – sie war und blieb ein Reizwort, das politische Ordnungsvorstellungen grundsätzlich thematisierte. Wolfgang Frühwald wies darauf hin, dass dieses Schlagwort nach 1945 nahezu gänzlich aus dem Sprachgebrauch verschwunden war. Erst Ende der 1960er Jahre sei es wieder aufgetaucht[15]. Es war die Auseinandersetzung mit dem Protestphänomen, die Termini wie Ruhe und Ordnung wieder an die Oberfläche kommen ließ. In den Fernsehbeiträgen der Jahre zwischen 1966 und 1969 war es nicht nur üblich, Proteste mit dem Etikett Unruhe zu versehen; auch das Schlagwort Ruhe und Ordnung war omnipräsent. Dokumentationen trugen Titel wie „Die deutsche Unruhe“[16] oder „Unruhe an deutschen Universitäten“[17]. Auch in den Nachrichtenbeiträgen von „Tagesschau“ und „Heute“ wurden die Studentenproteste als „Studentenunruhen“, „Unruhe der Studenten“ oder einfach als „Unruhen“ bezeichnet. Besonders häufig verwendet wurde diese Benennung im Februar und im April 1968 während der „Osterunruhen“, die unter dieser Bezeichnung bekannt wurden.

Betrachtet man die Benennungen des Protestphänomens insgesamt, überwogen in den Nachrichtensendungen die vermeintlich neutraleren Begriffe „Demonstration“, „Kundgebung“ oder „Schweigemarsch“. Neben diesen Benennungen, die an die Aktionsformen angepasst waren, verwandten „Tagesschau“ und „Heute“ zahlreiche Begriffe, die den Charakter der Proteste umrissen: So wurde regelmäßig über „Auseinandersetzungen“[18], „Handgreiflichkeiten“[19], „Schlägereien“[20], „Zwischenfälle“[21], „Ausschreitun-

[15] Vgl. Wolfgang Frühwald, „Ruhe und Ordnung“. Literatursprache – Sprache der politischen Werbung. Texte, Materialien, Kommentar, Wien 1976, S. 151f.

[16] „Die deutsche Unruhe – Revolte gegen die Autorität“, gesendet am 11. 11. 1968 im WDR.

[17] „Unruhe an deutschen Universitäten – der SDS in Bonn“, in der Reihe „Monitor“, gesendet am 10. 2. 1967 im WDR.

[18] Vgl. „tumultartige Auseinandersetzungen“ in einem Filmbericht zur Anti-Springer-Demonstration in Hamburg, „Heute“ vom 3. 6. 1967, oder „heftige Auseinandersetzungen“ in einem Filmbericht zu den Osterunruhen, „Heute“ vom 15. 4. 1968.

[19] So in einem Filmbericht zur Vietnam-Demonstration, „Heute“ vom 8. 7. 1966, oder im Filmbericht zur Besetzung des Schiller-Theaters in Berlin, „Tagesschau“ vom 29. 5. 1968.

[20] So in einem Filmbeitrag zur Demonstration auf dem Kurfürstendamm, „Tagesschau“ vom 12. 4. 1968, oder in einem Filmbericht zur Schah-Demonstration in Berlin, „Heute“ vom 2. 6. 1967.

gen"[22], „Krawalle"[23], „Straßenschlachten"[24] und „Zusammenstöße"[25] berichtet, die als „tumultartig", „blutig", „heftig", „turbulent", „schwer" und „erbittert" charakterisiert wurden. Besonders häufig fand sich schließlich die Benennung „Tumult".

Betonten bereits die Benennungen den Aspekt der Unruhe, taten die filmbildlichen Bezeichnungen ein Übriges, diesen Eindruck zu unterstreichen. Die typischen Filmsequenzen, mit denen Berichte über die Studentenbewegung unterlegt wurden, waren Demonstrationsszenen. Die Bilder zeigten Menschenmengen in Bewegung, skandierende Demonstranten, Che Guevara-Plakate, wehende Vietcong-Fahnen oder untergehakte Ho-Chi-Minh-Ketten. Schnelle Schnitte und häufige Wechsel der Kameraperspektiven schufen im wahrsten Sinne des Wortes unruhige Bilder, die stereotyp mit den Studentenprotesten gekoppelt wurden. Mit den jeweiligen verbalen und visuellen Bezeichnungen waren zum Teil bereits explizit oder implizit Wertungen, Einordnungen, Aufrufe und Emotionsäußerungen verbunden. Folgt man dem Linguisten Fritz Hermanns, transportieren Begriffe häufig eine Bedeutung, die mit einem Anspruch verknüpft ist und eine Handlungsaufforderung transportiert[26]. Dabei kommt es auch darauf an, in welchem Zusammenhang die Bezeichnungen verwendet werden. Ohne weitere Kommentare in einen Nachrichtentext eingebaut und von Bildsequenzen chaotischer Straßenschlachten begleitet, suggerierte die häufige Verwendung der Begriffe „Tumult" und „Unruhe" eine Aufforderung, diese zu unterbinden. Gestik und Mimik der Protestierenden und Polizisten sowie die Perspektive der Kameras verstärkten diesen Appell noch.

[21] So in einem Filmbericht zur Schah-Demonstration in Hamburg, „Heute" vom 3.6. 1967; in einem Wortbeitrag zu den Osterunruhen („Tagesschau" vom 16.4.1967) war von „blutige[n] Zwischenfälle[n]" die Rede.

[22] So in einem Filmbericht zu den Osterunruhen in Hamburg, „Heute" vom 13.4. 1968, oder in einem Filmbericht zu den Schah-Demonstrationen in Berlin, „Berliner Abendschau" vom 2.6.1967.

[23] Filmbericht zur Vietnam-Demonstration in Berlin, „Heute" vom 18.2.1968.

[24] So in einem Filmbericht zu den Osterunruhen in Berlin, „Heute" vom 14.4.1968, oder in einem Filmbericht zu den Osterunruhen in Hamburg, „Heute" vom 13.4.1968.

[25] So in einem Filmbericht zur Springer-Blockade, „Heute" vom 12.4.1968, sowie in einem Filmbeitrag zu einer Demonstration auf dem Berliner Kurfürstendamm, „Tagesschau" vom 12.4.1968.

[26] Hermanns unterscheidet zwischen der deskriptiven und der deontischen Bedeutung von Wörtern, wobei die letztere („Sollens"-Bedeutung) nahelegt, etwas Bestimmtes zu wollen oder zu sollen. Vgl. Fritz Hermanns, Kognition, Emotion, Intention. Dimensionen lexikalischer Semantik, in: Gisela Harras (Hrsg.), Die Ordnung der Wörter. Kognitive und lexikalische Strukturen, Berlin 1995, S. 138–178, hier S. 156f.

Die Fernsehbilder von Demonstrationen, die in Nachrichtensendungen und anderen Formaten Verwendung fanden, waren fast ausnahmslos aus der Perspektive der Polizei aufgenommen. Dies hatte zunächst einen praktischen Grund, denn die damals noch meist unbeweglichen Kameras wurden schon aus Sicherheitsgründen hinter den Polizeiabsperrungen aufgebaut. Auch für Aufnahmen mit Handkameras bot sich hinter den Polizeiketten mehr Spielraum als im zumeist dichten Gedränge der Demonstration, so dass auch sie selten Bilder aus der Demonstration heraus lieferten. Schließlich wurden die Kameraleute während der „Osterunruhen“ ausdrücklich dazu angehalten, nur noch aus den Bereitschaftswagen der Polizei zu filmen, um von vornherein zu vermeiden, dass die Aktionen durch die Gegenwart der Kameras zusätzlich aufgeheizt würden[27]. Dass die Kameras bei allen Aktionen grundsätzlich denselben Standort hatten, führte zu einer immer gleichen Perspektive und Bildauswahl: Vorherrschend waren der Blick über die Schulter der Polizisten und eine große räumliche Distanz zu den Demonstranten, die auf der anderen Seite der Polizeiabsperrung meist anonym im Hintergrund blieben. Gefilmt und für die Berichte als Bildmaterial häufig ausgewählt wurden zudem vor allem die Szenen, die sich direkt vor den Kameraleuten abspielten. Kaum zufällig war daher das häufigste Motiv ein Demonstrant, der von Polizisten abgeführt wurde.

Diese Bilder legen aber keineswegs eine bestimmte Deutung nahe. Tatsächlich lassen sie sich sowohl als Bilder der ‚gefährlichen Unruhe‘ lesen, derer sich die Staatsmacht erwehren musste, als auch als Beleg für eine übersteigerte Ordnungssucht und -macht der Polizei. Unruhe konnte im Zusammenhang mit den Bildern von gewalttätigen Szenen auf den Straßen einen Ausnahmezustand bedeuten, eine Abweichung vom Normalen und damit die Notwendigkeit, Abhilfe zu schaffen. Besonders häufig wurden die Proteste in der „Berliner Abendschau“ auf diese Weise dargestellt. Hier war Unruhe sehr deutlich negativ konnotiert. Die Beiträge in der „Berliner Abendschau“ legitimierten in der Regel die Polizeimaßnahmen, welche die Bildsequenzen zeigten. So kommentierte der Sprecher in einem Beitrag die Bilder von gewaltsamen Zusammenstößen zwischen Polizisten und Demonstranten folgendermaßen:

[27] Historisches Archiv WDR, Bestand Rundfunk-, Verwaltungs-, Programmbeirat bis Mai 1971, 495, Niederschrift über die 76. Sitzung des Programmbeirats des WDR am 26. 4. 1968 in Köln (Aussage von Hans-Joachim Lange).

„Nachdem ein Polizist und ein Bildreporter von den Demonstranten durch Steinwürfe verletzt worden waren, traf die Polizei drakonische Maßnahmen gegen die Ruhestörer. Dabei kam es mehrfach zu Gewalttätigkeiten, da einige Polizisten in ihrer begreiflichen Erregung eine Härte anwandten, die über das erforderliche Maß hinausging.“[28]

Der Bericht stellte das polizeiliche Vorgehen als erfolgreich dar, weil es die Situation wieder „normalisiert“ habe:

„Berittene Polizei riegelte gegen 17.30 Uhr den Kurfürstendamm an der Joachimsthalerstraße ab und forderte die übrigen Demonstranten mehrfach auf, die südliche Fahrbahn des Kurfürstendamms frei zu machen. Danach wurden Wasserwerfer eingesetzt. Um 19 Uhr hatte sich die Lage weitgehend normalisiert.“

Die Rahmung der Proteste, die aus dieser Berichterstattung hervortritt, stellte der Unruhe ein Ideal von Ruhe und Ordnung gegenüber, das von der Staatsmacht zu gewährleisten sei. Diese Sichtweise lässt sich auch in den Senats- und Parlamentsdebatten jener Tage sowie in Presseartikeln finden. So verteidigte Bundeskanzler Kurt Georg Kiesinger (CDU) die Parole mit den Worten: „Wenn uns heute [...] wieder vorgeworfen wird, uns gehe es nur um Ordnung und Ruhe, dann sage ich: jawohl, uns geht es wie unserem ganzen Volk um Ordnung und Ruhe.“[29] Dieser Rahmung verlieh das Fernsehen besonderen Nachdruck durch die Kombination von Wort und Bild. Nicht nur die „Berliner Abendschau“ unterlegte Bilder tumultartiger Auseinandersetzungen mit Benennungen wie „Störer“, „Randalierer“ et cetera.

[28] Nachrichtensprecher in einem Filmbeitrag der „Berliner Abendschau“ vom 3. 6. 1967 im SFB; das folgende Zitat findet sich ebenda.

[29] Plenarsitzung des Bundestags am 30.4.1968, in: Verhandlungen des Deutschen Bundestages, 5. Wahlperiode. Stenographische Berichte, Bd. 66, Bonn 1968, S. 9029. Kiesinger fügte hinzu, dass sein Verständnis von Ruhe und Ordnung Kritik durchaus einbeziehe. Der Begriff Unruhe war in den Debatten sehr präsent, ebenso der Ruf nach Ordnung. Die Wendung Ruhe und Ordnung aber wurde eher vermieden, stattdessen verwendeten die Diskutanten etwa Formulierungen wie „Ordnung und Sicherheit“ oder „öffentliche Ordnung wahren“. Vgl. die Sitzungen des Bundestages vom 9. 2. und vom 30. 4. 1968, in: Stenographische Berichte, Bd. 66, S. 7869–7893 und S. 8989–9050.

Solche Suggestionen waren allgemein in der Nachrichtenberichterstattung und einigen anderen Formaten präsent, und sie transportierten die Forderung nach Ruhe und Ordnung. Diesen Eindruck hatte bereits Thomas Ebert, der 1968 in den „Frankfurter Heften“ feststellte: „‚Aufrührer‘ – die wertende Vokabel beschwört schon die Notwendigkeit rigoroser Herstellung von ‚Ruhe und Ordnung‘.“[30] Die Repräsentation der Proteste als Unruhe in einem negativen Sinne war in der Fernsehberichterstattung aber keineswegs dominant.

Sehr viel häufiger verwendeten die zeitgenössischen Fernsehbeiträge Ruhe und Ordnung als Antiparole. Die Mehrzahl der Journalisten und Kommentatoren grenzte sich von dieser Maxime explizit ab und kritisierte die staatlichen Reaktionen auf die Proteste. Joachim Fest gebrauchte die Wendung bereits im Februar 1966 im Zusammenhang mit den Studentenprotesten, als er in seiner Moderation des Magazins „Panorama“ den Professoren der Freien Universität vorwarf, sie wollten die Studenten entpolitisieren. Diese Forderung sei

> „sowohl reaktionär als auch unaufrichtig in sich. Denn es ist die Formel des alten obrigkeitsstaatlichen Bildungsbetriebes, der sich stets als unpolitisch ausgebe [sic], tatsächlich aber regierungsfromm war und der jeweiligen Autorität verpflichtet. Und in der Tat hört man auch schon die Ergänzungsformel dazu, mit der man bei uns seit je Heloten macht: Die Forderung nach Ruhe und Ordnung.“[31]

Kritik an den staatlichen Reaktionen flammte besonders im Sommer 1967 auf, nachdem ein West-Berliner Polizist am 2. Juni einen Demonstranten aus kurzer Distanz erschossen hatte. Dieses Ereignis führte nicht nur zur Solidarisierung unter den Studenten. In der Fernsehberichterstattung folgte auch eine Welle der Kritik an der Berliner Polizei und an den Reaktionen des Staates insgesamt. Diese Kritik kreiste immer wieder um den Begriff und die Vorstellung von Ordnung. Im „Jahresrückblick 1967“ kommentierte Joachim Fest das vielfach publizierte Bild des sterbenden Benno Ohnesorg ironisch:

[30] Thomas Ebert, Angesehene Berichterstattung. Ein Symptomatisches Beispiel der Meinungsmanipulation, in: Frankfurter Hefte 23 (1968), S. 376.

[31] DRA Potsdam-Babelsberg, Bestand „Schwarzer Kanal“, E065-02-04/363, Bericht des Staatlichen Rundfunkkomitees der DDR zur Sendung „Panorama“ vom 28. 2. 1966.

„Für die Ordnung, die sein muss.“[32]

Sowohl dieses Schlüsselbild als auch die Bilder prügelnder Polizisten vermittelten die Kritik an Ruhe und Ordnung auf einer visuellen Ebene, die den Konflikt emotionalisierter darstellten als rein verbale Beschreibungen. Mit Schlagstöcken hantierende Polizisten, schreiende und blutende Demonstranten gaben auf der bildlichen und auditiven Ebene unmittelbare Eindrücke von Gewalt, die der Begriff Unruhe allein nicht zu transportieren vermochte.

Die Mehrzahl der Journalisten wollte keinen ruhigen, vom Konsens dominierten Staat, der schließlich auch ihre eigene Rolle beschnitten hätte. Nach ihrer Vorstellung konnte Demokratie nur im Konflikt und im Dialog unter aktiver Beteiligung der Bürger stattfinden. Hier maßen sich die Fernsehjournalisten eine große Bedeutung zu. Die Forderungen nach Dialog bildeten daher ein Gegenmodell zu Ruhe und Ordnung. Ein Beispiel dafür, dass der Begriff der Unruhe durchaus positiv konnotiert werden konnte, lieferte der langjährige Leiter des Magazins „Monitor“ und Chefredakteur der Hauptabteilung Zeitgeschehen im Westdeutschen Rundfunk, Franz Wördemann. Er kommentierte 1970: „Ein neues gesellschaftliches Muster des Verhaltens hat sich entwickelt – eben dies: die angemessene [am Rand notiert: heilsame] Unruhe.“[33]

Die Beurteilung der Unruhe und damit der Umgang mit den Protesten spiegelte widersprüchliche Ordnungsvorstellungen und Verständnisse von Politik, die in den gesamten 1960er Jahren auseinanderklafften und in einigen Teilöffentlichkeiten bereits vor 1968 virulent waren. Erst die Auseinander-

[32] Joachim Fest als Sprecher aus dem Off im „Jahresrückblick 1967“, gesendet am 29.12.1967 in der ARD/NDR.

[33] DRA Frankfurt a.M., Bestand Fernsehkommentare 1966–1969/70, „Tagesschau“-Kommentar von Franz Wördemann, gesendet am 12.5.1970.

setzungen um die Proteste der Außerparlamentarischen Opposition im Fernsehen ließen dies jedoch als die zentralen Konfliktlinien der Bundesrepublik erscheinen. So wurden die Proteste im Fernsehen häufig als Bewährungsprobe der Demokratie beschrieben. In der Wahrnehmung zahlreicher staatlicher Repräsentanten und Verfechter von Ruhe und Ordnung musste sich der bundesrepublikanische Staat zum ersten Mal einer massiven Bedrohung der Demokratie erwehren. Dieser Eindruck war umso stärker, je deutlicher er mit Antikommunismus einherging. Deshalb ist es nicht verwunderlich, dass die Warnungen vor Gefahren für die Demokratie in Berlin besonders laut wurden. Die Befürworter einer produktiven Unruhe empfanden die Proteste ebenfalls als Nagelprobe, waren aber, wie Heinz Linnerz 1968 in einem Kommentar formulierte, der Ansicht,

> „die Belastungsprobe, welche die Studenten gegenwärtig der Demokratie in diesem Lande zumuten, macht diese Demokratie nicht schwächer. Im Gegenteil, sie könnte stärker werden. Diese Demokratie, die uns nach dem Krieg von den Alliierten verordnet wurde, erhielte dadurch die Chance, endlich zu unserer eigenen zu werden.“[34]

Auch wenn es dem analytischen Konzept der Rahmungen widerspricht, sie direkt an Intentionen verantwortlicher Redakteure zu binden, lassen sich dennoch gewisse Einflüsse erkennen. Die Rahmungen waren redaktions-, regions- und genrespezifisch. Das demonstrierten auch die politischen Magazine. „Report“ aus München rahmte die Proteste als Berlin-Phänomen, während die „Berliner Abendschau“ sie als ein Phänomen des Kalten Krieges deutete. Versucht man, ein Fazit zu ziehen, lässt sich sagen: Zentrale Rahmungen hatten Einfluss darauf, wie über das Protestphänomen diskutiert und verhandelt wurde. Welche Bedeutung den Benennungen und Bildern außer- und innerhalb der Sender zugemessen wurde, zeigte sich in den zahlreichen Debatten über die Berichterstattung, vor allem in den Gremien des Rundfunks.

5. Auseinandersetzungen um die Darstellung: Bezeichnungskämpfe, Vorwürfe und Reaktionen

In jeder Sitzung des Programmbeirats des Deutschen Fernsehens von 1967 bis Sommer 1968 wurde Kritik an der Berichterstattung über die Protestbewegung geübt und besprochen. Seit Herbst 1967 vermehrten sich die Vorwürfe, dass das Fernsehen die Berichterstattung nicht richtig „dosiere“.

[34] Geschäftsstelle des Rundfunkrats, Heinz Linnerz: Kulturpolitische Notizen, WDR I, 15. 4. 1968, Rundfunkrat WDR.

Das Interview von Günter Gaus mit Rudi Dutschke in der Reihe „Zu Protokoll“ im November 1967 führte dazu, dass der Programmbeirat sich mit der Frage konfrontiert sah, „ob es – insbesondere in Hinblick auf die Erfahrung mit den Nationalsozialisten in den 20er Jahren – klug sei, kleinen und kleinsten Gruppen soviel Raum im Fernsehen zu geben und sie damit erst einem breiten Publikum bekannt zu machen“[35]?

Die Frage löste eine Auseinandersetzung darüber aus, wer im öffentlich-rechtlichen Fernsehen sprechen dürfe. Nach Meinung einiger Kritiker der Fernsehberichterstattung über die Protestbewegung sollte die Macht letzten Endes in den Händen des Staates liegen. Nicht die Protestakteure sollten im Fernsehen ihre Meinung artikulieren, sondern die Vertreter der Regierung und der Parteien. Die Auseinandersetzung spitzte sich nach den Osterunruhen im April 1968 zu. Im Programmbeirat des WDR wurden Stimmen laut, die sich dafür aussprachen, dass eine Rundfunkanstalt in dieser speziellen Situation „im Kreise ihrer Mitarbeiter eine gewisse Generallinie über die Diktion festlegen könnte und müsste“[36]. Die Anhänger einer Sprachregelung setzten sich nicht durch, aber die Debatte wurde ernsthaft geführt. Der Ruf nach Restriktionen führte zu Kontroversen zwischen den Gremien und den Programmverantwortlichen.

Konfrontiert mit dem Vorwurf, die Stimmung durch Bilder anzuheizen, argumentierten die Verantwortlichen, die Bildberichterstattung bereits bewusst reduziert zu haben. Schon im Januar 1968 hatte Hans-Joachim Reiche, verantwortlicher Chefredakteur für die „Tagesschau“, darauf hingewiesen, dass „die Tagesschau über die folgenschweren Ereignisse der letzten Zeit nicht mit Filmaufnahmen, sondern mit Standphotos berichtet habe“[37]. Die Verantwortlichen waren also auf die Forderung nach Zurückhaltung eingegangen. Schürte die Fernsehberichterstattung die Proteste? Wie groß war die Macht der Bilder?

Ein Grundsatzpapier an alle Mitarbeiter und Redakteure der „Tagesschau“, 1969 vorgelegt von Reiche, zeigt die Selbsteinschätzung der Fernsehmacher. Es verknüpfte die Anweisungen für die Berichterstattung über Demonstrationen mit den Erfahrungen der vergangenen Monate und schlug

[35] DRA Frankfurt a. M., Bestand Programmbeirat für das Deutsche Fernsehen 1963–1968, Protokoll der 109. Sitzung des Programmbeirats am 14. 12. 1967 in München.

[36] Historisches Archiv WDR, unverzeichneter Bestand Rundfunk-, Verwaltungs-, und Programmbeirat bis Mai 1971, 495, Niederschrift der 75. Sitzung des Programmbeirats des WDR am 19. 4. 1968 in Köln.

[37] Gremienbüro NDR, Bestand Programmbeirat Protokolle 77–83, Juni 1967–April 1968, Niederschrift über die 81. Sitzung des Programmbeirats des NDR am 24. 1. 1968.

Kontrollmechanismen vor. So forderte es die Redakteure auf, den gesamten Prozess der Produktion zu begleiten, auch etwa die Cutter nicht allein arbeiten zu lassen. Die Cutter wiederum wurden gebeten, sich nicht durch „drastische Großaufnahmen verleiten“ zu lassen. „Die Wirkung des Bildes“ sei „von keinem Text zu übertreffen oder auszugleichen.“ Besonders detailliert waren auch die Hinweise für die Kameraleute. Beispielhaft seien zwei von ihnen zitiert:

> „1. Geben Sie keinen Anlaß für den Einwand, Tumulte seien erst durch das Erscheinen des Fernsehens entstanden. Bewegen Sie sich deshalb so unauffällig wie möglich, – lassen Sie Aufnahmewagen und technisches Gerät möglichst lange im Hintergrund und vermeiden Sie auffällige Aufbauten. [...] 3. Filmen Sie beide Seiten einer Auseinandersetzung. Wer hat wen zuerst angegriffen, wer wen herausgefordert. Auch Polizisten können in Notwehr handeln. Jeder wird sich wehren, wenn er mit Salzsäure bedroht wird.“[38]

Aus den Anweisungen lässt sich deutlich herauslesen, dass der Chefredakteur der „Tagesschau“, Reiche, davon ausging, dass die Mehrzahl der Kameraleute tendenziell die Seite der Studenten als Opfer betont hatte.

Innerhalb der Sendeanstalten und in der ARD flammte anlässlich solcher Empfehlungen regelmäßig die Frage auf, wie viel innere Kontrolle notwendig sei. Diese Selbstthematisierungen fanden auch im Programm Niederschlag. Bereits am 17. April 1968, direkt nach den Osterunruhen, sendete der WDR einen Beitrag unter dem Titel „Reporter und Demonstranten“, der die Beteiligung der Fernsehredakteure an den Protesten thematisierte und sich mit der Rolle des Fernsehens auseinandersetzte. In dem Zeitraum, in dem die Proteste ihren Höhepunkt erreichten, zwischen dem Juni 1967 und dem Frühjahr 1968, widmeten sich die Sender verstärkt den Fragen nach einer adäquaten politischen Berichterstattung. Damit reagierten sie vor allem auf die Kritik in den Gremien und von außen. Die Wogen der Auseinandersetzungen zwischen den Rundfunkräten und den Programmmachern glätteten sich über den Sommer 1968 relativ schnell.

In den Debatten nutzten auch die Fernsehjournalisten die Gelegenheit, ihr Selbstverständnis zu artikulieren. Sie verteidigten vehement ihre journalistische Freiheit und setzten sich gegen Beschränkungen und Einwirkungen zur Wehr. In einer senderübergreifenden Sitzung von Programmbeirat und Rundfunkmitarbeitern am 25. April 1968 erklärte Günter Gaus unter Verweis auf journalistische Prinzipien, dass die Medien sich keiner „Sprach-

[38] HA SWR Baden-Baden, P. 16963, „Anmerkungen zur Berichterstattung über Demonstrationen und Tumulte“, undatiert.

regelung" unterwerfen ließen. Er betonte nachdrücklich, es müsse „vermieden werden, dass eine gefährliche Ruhe ins Fernsehen kommt"[39]. Kurt Sontheimer monierte in einem Vortrag vor dem Programmbeirat der ARD im Sommer 1968, jeder glaube, den Rundfunk aufgrund seiner öffentlich-rechtlichen Struktur mit anderen Maßstäben messen zu können. Der Rundfunk brauche aber statt Kontrolle vielmehr die Garantie der Unabhängigkeit und Freiheit. Sontheimer unterstrich die Funktion des Rundfunks als „Instrument zur kritischen Infragestellung"[40]. Er sprach damit im Sinne der meisten Journalisten und Verantwortlichen.

6. Fazit

Was bedeutet das alles für die Verortung von „1968"? Die kontroversen Einordnungen der Proteste spiegelten unterschiedliche Vorstellungen des Politischen wider, die in der Frage kulminierten, was Politik sein solle und wer am politischen Prozess teilnehmen dürfe. Letztlich standen zwei Politikverständnisse im Widerstreit: einerseits ein staatsnahes Verständnis, das die Zuständigkeit für Politik an Politiker, Parlamente und Regierungen verwies, andererseits ein partizipatives Verständnis, das explizit auch außerparlamentarischen Initiativen eine legitime Teilhabe am politischen Prozess zubilligte. Dieser Streit war als solcher 1967/68 nicht neu. In verschiedenen Teilöffentlichkeiten und intellektuellen Diskursen waren solche Fragen bereits am Ende der 1950er Jahre thematisiert worden. So entwarfen Öffentlichkeitskonzepte wie das von Jürgen Habermas bereits zu Beginn der 1960er Jahre das Ideal einer auf Diskussion und Dialog basierenden Demokratie, die nicht auf Konsens, sondern auf Konflikt beruhte[41].

Das Fernsehen machte in seiner Berichterstattung die Kämpfe um die Ausweitung des Politischen sichtbar. Erst mit dieser Visualisierung und der massiven Verhandlung innerhalb einer massenmedialen Öffentlichkeit setzte sich auf breiterer gesellschaftlicher Front durch, was in den Jahren zuvor bereits innerhalb von Teilöffentlichkeiten diskutiert worden war. Die Ent-

[39] DRA Frankfurt a. M., Bestand Fernsehprogrammkonferenz DFS, Protokoll der gemeinsamen Sitzung von Fernsehprogrammkonferenz DFS und Programmbeirat für das Deutsche Fernsehen vom 25.4.1968.

[40] DRA Frankfurt a. M., Bestand Programmbeirat des Deutschen Fernsehens 1963–1968, Protokoll der 116. Sitzung des Programmbeirats für das Deutsche Fernsehens vom 4./5. September 1968, Anlage.

[41] Vgl. Jürgen Habermas, Strukturwandel der Öffentlichkeit. Untersuchungen zu einer Kategorie der bürgerlichen Gesellschaft, Neuwied/Berlin [5]1971.

wicklung in den 1960er Jahren und die Ereignisse um 1968 gegeneinander auszuspielen macht deshalb keinen Sinn.

Vor dem Hintergrund der Ergebnisse meiner Arbeit ist es daher fragwürdig, wenn einige Arbeiten davon ausgehen, dass 1968 für die Liberalisierung der bundesrepublikanischen Gesellschaft keine Rolle gespielt habe, weil sich diese Liberalisierung bereits Anfang/Mitte der 1960er Jahre vollzogen habe. Natürlich wurden neue, partizipative Ansätze von Politik bereits vor 1968 diskutiert, aber diese Diskussionen vollzogen sich oftmals eher als Elitendiskurse und waren auf Teilöffentlichkeiten beschränkt. In genau diesem Punkt liegt die Bedeutung des Kommunikationsereignisses: Die Debatten um 1968 verschafften Debatten und Diskursen, die durchaus vorher angelegt waren, erstmals eine massenmediale breitenwirksame Öffentlichkeit.

Claus Kröger

Das Ende, das ein Anfang war

Geschichte einer Gegeninstitution

1. Worum geht es?

Die Untersuchung, die diesem Beitrag zugrunde liegt, problematisiert die Politisierung des westdeutschen Buchhandels in den 1960er Jahren unter besonderer Berücksichtigung eines neuen Akteurs im politischen Feld: der Außerparlamentarischen Opposition (APO). Die Forderungen der APO nach Selbstbestimmung in allen gesellschaftlichen Teilbereichen stießen auch im Buchhandel jener Zeit auf deutliche Resonanz. „Mitbestimmung" und „Demokratisierung" waren die zentralen Begriffe der brancheninternen Debatte um die Machtverhältnisse im Buchhandel. Im Mittelpunkt der Dissertation stehen die folgenden Institutionen und Organisationen[1]: die Frankfurter Buchmesse, vor allem unter der Perspektive der Proteste 1967 und 1968, der Börsenverein des Deutschen Buchhandels sowie der von ihm verliehene Friedenspreis, sodann die Gruppe der „Literaturproduzenten", die sich, gelegentlich als APO des Buchhandels bezeichnet, zu konstituieren begann, als die westdeutsche 68er-Bewegung den Höhepunkt der Mobilisierung bereits überschritten hatte. Untersucht werden zudem unter der zeitgenössischen Frage „Frißt die Revolution ihre Verleger?"[2] die Verlage, die es auf jeder Liste der literarisch wichtigsten westdeutschen Verlage der 1960er und 1970er Jahre zweifellos auf die vordersten Plätze geschafft hätten und denen vielfach zugeschrieben wurde, sie hätten die Protestbewegung mit „revolutionärem" Lesestoff versorgt: Rowohlt, Suhrkamp und Luchterhand. Mit dem Verlag der Autoren rückt schließlich eine Neugründung in den Blick, die gleich in mehrfacher Hinsicht als eine Gegeninstitution verstanden werden kann.

Die differenzierten Ergebnisse der Fallstudien können hier nicht im Detail vorgestellt werden. Ein knappes Fazit fällt jedoch ernüchternd aus: Von den

[1] Vgl. Claus Kröger, Kommerz, Kultur und Politik. Zur Politisierung des westdeutschen Buchhandels 1967–1976, Diss., Bielefeld 2013. Wenn hier vom Buchhandel gesprochen wird, so verwende ich den Begriff im branchenüblichen Sinne: Gemeint ist sowohl der herstellende Buchhandel – die Verlage – als auch der vertreibende Buchhandel – der Zwischenbuchhandel und der Bucheinzelhandel.

[2] Die Zeit vom 26.9.1969: „Frißt die Revolution ihre Verleger? Unter- und Hintergründe einer Affäre im Hause Rowohlt".

hier in den Blick genommenen Mitbestimmungsmodellen und Demokratisierungsbestrebungen blieb *in the long run* nur wenig übrig. Der sogenannte Lektorenaufstand im Suhrkamp Verlag ist ebenso gescheitert wie das Aufbegehren der Lektoren bei Rowohlt; die Autorenmitbestimmung bei Luchterhand wurde erst dann durchgesetzt, als sie sich als Marketinginstrument zur Autorenbindung eignete; die Buchmessenproteste blieben unter dem Gesichtspunkt der Nachhaltigkeit weitgehend folgenlos; die „Literaturproduzenten“ waren bereits am Ende, als ihr der theoretische Kopf abhanden kam. Wollte man dies in ein Bild fassen, so wären rauchende Trümmer nicht ganz unpassend. Endete der Kampf um die „Demokratisierung […] der literarischen Produktionsverhältnisse“[3] – um eine Formulierung der „Literaturproduzenten“ aufzugreifen – alles in allem also in einer grandiosen Niederlage?

Ein Punkt sticht jedenfalls deutlich heraus. Im Falle der Mitbestimmungsversuche und Demokratisierungsbestrebungen bei Rowohlt, Luchterhand und Suhrkamp sowie auf der Messe und im Börsenverein zeigte sich bald, dass die Machtfrage wesentlich ein Organisationsproblem darstellte. Die Macht des Verlegers oder des Börsenvereins zu kritisieren, sich dagegen aufzulehnen, Mitsprache und Mitbestimmung zu fordern, war das eine, die weitaus größere Herausforderung lag darin, neue, alternative Institutionen zu entwerfen und vor allem: sie auf Dauer zu stellen. Grundsätzlich konnte das auf zweierlei Art und Weise geschehen: als Gegenmacht in den bestehenden Organisationen – oder als Gegeninstitution. Der vorliegende Beitrag rückt eines der eher seltenen Beispiele einer erfolgreichen institutionellen Neugründung in den Mittelpunkt: den Verlag der Autoren.

2. Der Verlag der Autoren

„Eine Gruppe von Autoren hat beschlossen, am 1. April 1969 in Frankfurt am Main den ersten deutschen Verlag auf genossenschaftlicher Basis zu gründen. Die Autoren sind: Bazon Brock, Wolfgang Deichsel, Peter Handke, Günter Herburger, Hartmut Lange, Gerlind Reinshagen, Erika Runge, Martin Sperr, Dieter Waldmann, Konrad Wünsche, Jochen Ziem. […] Zu Geschäftsführern wählten die Autoren Karlheinz Braun und Wolfgang Wiens.“[4]

[3] Flugblatt „Aufruf – Autoren, Angestellte und Unternehmer im Verlags- und Sortimentsbuchhandel: Literaturproduzenten“, in: Ralf Bentz u. a., Protest! Literatur um 1968, Marbach 2002, S. 293–312, hier S. 312.

[4] Pressenotiz vom 8. 2. 1969, in: Das Buch vom Verlag der Autoren 1969–1989. Beschreibung eines Modells und seiner Entwicklung, bearb. von Peter Urban, Frankfurt a. M. 1989, S. 28. Zur durchaus vielversprechenden Situation des Verlags sechs Wochen

Spektakulär war diese Pressenotiz, die eine Verlagsneugründung ankündigte, zu Beginn des Jahres 1969 nicht. Zahlreiche Akteure hatten mit dem Zerfall der 68er-Bewegung begonnen, alternative Verlags-, Verbands- und Buchhandelsstrukturen zu etablieren, mit anderen Worten: Gegeninstitutionen zu gründen, die auf Mitbestimmung oder Selbstverwaltung setzten und so – auf lokaler Ebene – die neue, antiautoritär verfasste Gesellschaft vorwegnehmen sollten. Was so hoffnungsvoll begann, wurde indes nur selten eine Erfolgsgeschichte. Den meisten dieser linken Verlagsprojekte war kein langes Leben beschieden – bereits nach wenigen Jahren war eine Vielzahl dieser neu gegründeten Verlage schlicht pleite. Die Ursachen dafür waren vielfältig: Mangelndes Gründungskapital, fehlender Zugang zu Krediten, chaotische Leitungs- und Entscheidungsstrukturen spielten ebenso eine Rolle wie eine weit verbreitete tiefsitzende Aversion gegen die Notwendigkeit, sich an Marktentwicklungen zu orientieren. Dabei war schon bei Karl Marx zu lesen, dass Unternehmern „bei Strafe des Untergangs“[5] in einer marktwirtschaftlichen Ordnung gar nichts anderes übrig bleibt, als auf Rentabilität zu setzen.

Vor diesem Hintergrund stechen die erfolgreichen Ausnahmen unter den alternativen Verlagen umso deutlicher hervor. Der 1969 gegründete Verlag der Autoren ist eine dieser Ausnahmen. Er existiert bis heute und ist den Prinzipien und Leitideen, die sein Entstehen prägten, treu geblieben. Das Motto „Der Verlag der Autoren gehört den Autoren des Verlags“ findet sich seit 44 Jahren in jeder Veröffentlichung. Will man dies nicht für einen bloßen Zufall halten, stellt sich die Frage nach den Gründen des Erfolgs. Diese liegen in der besonderen Konstruktion des Verlags, die nicht am grünen Tisch entstand, sondern vielmehr Resultat eines schmerzhaften Lernprozesses war. Denn der Erfolgsgeschichte war ein eklatanter Misserfolg vorausgegangen. Mit Karlheinz Braun, Walter Boehlich, Peter Urban, Urs Widmer und Klaus Reichert waren gleich fünf Mitarbeiter und Gesellschafter des Verlags der Autoren ehemalige Lektoren des Frankfurter Suhrkamp Verlags. Im Herbst des Jahres 1968 hatten sie zu den neun Lektoren gehört, die im Suhrkamp Verlag gegen ihren Verleger eine Verlagsverfassung durchsetzen wollten, welche die Führung des Unternehmens einer Lektoratsversammlung, zusammengesetzt aus Lektoren und Verleger mit je einer

nach der Gründung vgl. auch Der Spiegel vom 26.5.1969: „Dramatische GmbH. Verlag der Autoren“.

[5] Karl Marx – Friedrich Engels, Werke, Bd. 25: Karl Marx, Das Kapital. Kritik der politischen Ökonomie, Bd. 3/Buch III: Der Gesamtprozeß der kapitalistischen Produktion, Berlin [6]1973, S. 255.

Stimme, übertragen hätte[6]. Sie waren mit ihrer Forderung nach einer Lektoratsverfassung am Widerstand des Suhrkamp Verlegers Siegfried Unseld gescheitert, der es vermocht hatte, bedeutende Autoren zu veranlassen, sich gegen die Vorstellungen der Lektoren auszusprechen. Die „aufständischen“ Lektoren hatten daraufhin den Verlag verlassen und gemeinsam den Verlag der Autoren konzipiert. Der Versuch über die Befugnisse des Betriebsrats hinaus, Gegenmacht innerhalb des Suhrkamp Verlags zu etablieren, war gescheitert. Indes, die Lektoren gaben nicht auf und richteten ihr Engagement auf die Gründung einer Gegeninstitution.

Der Verlag der Autoren war eine Gegeninstitution im doppelten Sinne: erstens, eine Gegeninstitution gegen den Suhrkamp Verlag sowie alle anderen patriarchalisch geführten Verlage, in denen Mitbestimmung sich allenfalls in der Einrichtung eines Betriebsrates erschöpfte; zweitens, eine Gegeninstitution gegen die zumeist Bankrott gegangenen linken, selbstbestimmten Verlagsprojekte. Die fünf Lektoren Karlheinz Braun, Walter Boehlich, Klaus Reichert, Urs Widmer und Peter Urban hatten aus dem Fehlschlag des Lektorenaufstands im Suhrkamp Verlag gelernt. Ihr zweiter Versuch, Selbstbestimmung zu realisieren, folgte der Devise, dass sie ihre Geschichte selbst in die Hand nehmen wollten, dabei allerdings den – mit Marx gesprochen – „unmittelbar vorgefundenen, gegebenen und überlieferten Umständen“ Rechnung zu tragen hatten[7]. Wie gingen sie vor?

Auch mit ihrem neuen Projekt griffen sie auf konzeptionell-theoretische Überlegungen der 68er-Bewegung zurück, deren Transformationsstrategie darauf setzte, neue Kommunikations- und Aktionsformen experimentell zu erproben durch die Schaffung von Gegenöffentlichkeit und Gegeninstitutionen. Gegenöffentlichkeit, ein Begriff, der in der zeitgenössischen Diskussion der 1960er Jahre häufig verwendet wurde, implizierte Krisendiagnose und Lösungsvorschlag zugleich[8].

Bahman Nirumand, der mit seinem 1967 erschienenen Buch „Persien, Modell eines Entwicklungslandes oder Die Diktatur der freien Welt“ entscheidend zur Mobilisierung der Proteste gegen den Schah von Persien

[6] Vgl. Siegfried Unseld, Chronik, Bd. 1: Chronik 1970. Mit den Chroniken Buchmesse 1967, Buchmesse 1968 und der Chronik eines Konflikts 1968, hrsg. von Ulrike Anders u. a., Berlin 2010, S. 22–96; Walter Boehlich u. a., Chronik der Lektoren. Von Suhrkamp zum Verlag der Autoren, Frankfurt a. M. 2011.

[7] Karl Marx, Der achtzehnte Brumaire des Louis Napoleon, in: Karl Marx – Friedrich Engels, Werke, Bd. 8, Berlin [4]1973, S. 111–207, hier S. 115.

[8] Vgl. etwa Rudi Dutschkes Ausführungen in einer Diskussionssendung des NDR am 5. 12. 1967; das Zitat findet sich in Meike Vogels Beitrag zu diesem Band, S. 68.

beigetragen hatte, forderte 1968 im „Kursbuch“: „Wir müssen eine Gegenöffentlichkeit herstellen, um unsere Ziele wirksam zu erläutern und diskutieren zu können, und dazu brauchen wir Gegen-Sender und Gegen-Zeitungen.“[9] Der Begriff Gegeninstitution hingegen, der in den Debatten der 1960er Jahre seltener auftaucht, bündelte die Versuche, selbstbestimmte Organisationen zu schaffen. Die Neue Linke, die den Mobilisierungsprozess der 68er-Bewegung kognitiv strukturierte, strebte nicht die große, alles umwälzende Revolution an. Vielmehr setzte sie, inspiriert von den Beispielen der US-amerikanischen *counterculture*, auf sub- oder gegenkulturelle Projekte. Sie sollten autonom, selbstorganisiert und selbstbestimmt sein, um den Reproduktionskreislauf autoritärer Charakterstrukturen zu durchbrechen und dadurch die Möglichkeitsräume der neuen, antiautoritär verfassten Gesellschaft aufscheinen zu lassen. Der herkömmlichen (Klein-)Familie, den vorhandenen Kindergärten, Universitäten und (Massen-)Medien wurden Kommunen, Wohngemeinschaften, Kinderläden, Kritische Universitäten und eigene, alternative Medien entgegengesetzt. Viel seltener waren interessanterweise genossenschaftlich verfasste, selbstverwaltete Unternehmen als Gegenmodell zu den herkömmlichen kapitalistischen Firmen[10].

3. Zur Struktur des Verlags

Kaum ein Beobachter hätte unmittelbar nach der Verlagsgründung darauf gewettet, dass der Verlag der Autoren mehr als vier Jahrzehnte Bestand haben würde, wie die Frage eines „Spiegel“-Reporters an die Sprecher des Verlags zeigt:

> „Herr Braun, Herr Wiens, Sie haben jetzt ein Jahr lang einen genossenschaftlich bewirtschafteten Verlag betrieben, und das in einer Zeit, in der eine ganze Reihe von anderen Modellen, die ähnlich strukturiert waren, gescheitert sind. Wann werden Sie bankrott sein?“[11]

Derlei Skepsis war auch unter den Autoren und Mitarbeitern des Verlags der Autoren weit verbreitet:

[9] Bahman Nirumand, Die Avantgarde der Studenten im internationalen Klassenkampf, in: Kursbuch 13 (1968), S. 1–17, hier S. 13.

[10] Vgl. Michael Schmidtke, Der Aufbruch der jungen Intelligenz. Die 68er-Jahre in der Bundesrepublik und den USA, Frankfurt a. M. 2003, S. 97–124.

[11] Der Spiegel vom 18. 5. 1970: „‚Was Linke sind, erweist sich in der Praxis‘. Spiegel-Gespräch mit den ‚Verlag der Autoren‘-Delegierten Karlheinz Braun und Wolfgang Wiens“.

„[W]as ist denn geblieben von all den Anstrengungen, Hoffnungen, Aktivitäten der späten sechziger und frühen siebziger Jahre, die herkömmlichen Arbeits- und Abhängigkeitsverhältnisse in den Institutionen (Verlage, Presse, Rundfunk und Fernsehen, Theater und Universitäten u.a.) zu verändern? Die linken Kollektive der Kleinverlage (die meisten von ihnen) kümmern dahin, bedeutungslos, haben sich gespalten, zerstritten, haben aufgegeben. In den Zeitungsverlagen, in den Rundfunkanstalten sind die wenigen Versuche, die Macher über die Produktion mitbestimmen zu lassen, kaum in die Praxis überführt worden, in keiner Weise irgendwie effektiv geworden. Selbst in sozialdemokratischen Hochburgen werden in den Theatern widerspruchslos Generalintendanten eingesetzt wie eh und je, die gescheiterten Versuche einer mit- und selbstbestimmten Arbeit an den Theatern gelten als Beweis dafür, daß es so nicht gehe: die wenigen positiven Ergebnisse werden genialen Einzeltätern zugeschrieben, die es trotzdem geschafft haben; in den Verlagen werden ganze Programme eingeschränkt oder eingestellt, Lektoren entlassen, fast ohne Widerspruch der Betroffenen. Daß heute gemacht wird, was sich vor fünf Jahren die Kapitaleigner noch verbaten zu denken, aus Furcht vor den Reaktionen der Öffentlichkeit, zeigt: wie weit wir in den letzten Jahren gekommen sind – im Krebsgang.“[12]

Eine desaströs anmutende Bilanz, doch kein Ausschnitt aus einem Klagelied. Derjenige, der hier sprach, war kein frustrierter 68er-Aktivist, sondern Karlheinz Braun, der vor dem Hintergrund dieser Negativfolie den Erfolg des Verlags der Autoren reflektierte:

„Und ausgerechnet der Verlag der Autoren floriert: ist gewachsen von 12 Autoren (1969) auf über 100 (1974), von einem Programm von 0 (1969) auf 400 Titel (1974), von 50 000 DM Umsatz (1969) auf fast 2 Millionen (1974); der Verlag, der 1969 nur einen Namen hatte, hat heute einen Marktanteil – irgendwas muß da doch nicht stimmen! Muß da nicht, um in der allgemeinen Stimmung mitschwimmen zu können, Ballast abgeworfen worden sein? Muß da nicht, um so erfolgreich zu werden, auf etwas verzichtet worden sein, auf Vorstellungen und Programme, die uns 1969 unverzichtbar erschienen? Was haben wir falsch gemacht, daß da alles so gut funktionierte? Oder werden wir doch von der DDR finanziert (wie manch einer in der BRD meint) oder gar vom Bonner Innenministerium (wie manche in der DDR glauben)? Auf was haben wir verzichtet, daß alles so gut gegangen ist?“

Was unterschied den Verlag von anderen alternativen Verlagen? Für den Verleger des Suhrkamp Verlags, Siegfried Unseld, war die Sache klar, die Antwort einfach: „Daß das kein sozialistisches Modell ist, sieht man schon daran, daß Peter Weiss da nicht mitmacht.“[13] In der Tat, der deutsche Schriftsteller Peter Weiss, der 1939 im Alter von 22 Jahren aufgrund seiner

[12] Karlheinz Braun, Ein bisschen mehr vom Reich der Zukunft – heute (Referat des Delegierten Braun auf der Vollversammlung 1974, ursprünglich unter der Überschrift „Überlegungen eines Delegierten nach 5 Jahren Arbeit im Verlag der Autoren“), in: Buch, S. 93–99, hier S. 93; das folgende Zitat findet sich ebenda, S. 93f.

[13] Der Spiegel vom 17. 2. 1969: „Verlag der Autoren – Gebrochenes Bein“.

jüdischen Herkunft nach Schweden emigrieren musste, war nicht dabei. Weiss war seit fast zehn Jahren Autor des Suhrkamp Verlags und verstand sich seit Mitte der 1960er Jahre ausdrücklich als Sozialist. 1965 hatte er mit seiner Erklärung „10 Arbeitspunkte eines Autors in der geteilten Welt" deutliche Kritik am Westen geübt und offen auch Partei für die sozialistische Seite ergriffen:

„Die Richtlinien des Sozialismus enthalten für mich die gültige Wahrheit. Was auch für Fehler im Namen des Sozialismus begangen worden sind und noch begangen werden, so sollten sie zum Lernen da sein und einer Kritik unterworfen werden, die von den Grundprinzipien der sozialistischen Auffassung ausgeht. Die Selbstkritik, die dialektische Auseinandersetzung, die ständige Offenheit zur Veränderung und Weiterentwicklung sind Bestandteile des Sozialismus. Zwischen den beiden Wahlmöglichkeiten, die mir heute bleiben, sehe ich nur in der sozialistischen Gesellschaftsordnung die Möglichkeit zur Beseitigung der bestehenden Mißverhältnisse in der Welt."[14]

Musste ein Autor wie Weiss nicht die Gelegenheit nutzen und vom kapitalistischen Suhrkamp Verlag zum Verlag der Autoren wechseln, der, seinem Selbstverständnis nach, sozialistisch – auf jeden Fall aber demokratischer als Suhrkamp war? Weiss wechselte nicht. Der Versuch, die Verlagsstrukturen zu transformieren, blieb ihm suspekt. Diese Haltung konnte nicht mehr wirklich überraschen angesichts von Weiss' Position während des „Aufstands der Lektoren" – auch dort hatte er sich auf die Seite seines Verlegers und damit gegen die Lektoren gestellt. Gleichwohl: Ganz sicher war Siegfried Unseld nicht gewesen, wie sich Weiss entscheiden würde. Aus diesem Grund hatte er sich seit Januar 1969 bemüht, Weiss über die Vorgänge bei Suhrkamp auf dem Laufenden zu halten, vor allem über das Ausscheiden Karlheinz Brauns[15]. Mitte Februar 1969 war Unseld zu einem Kurzbesuch nach Stockholm gereist, um mit seinem Autor auch über den entstehenden Verlag der Autoren zu sprechen. Erfreut hatte er zur Kenntnis genommen, dass sich Weiss entschied, auch „mit den Aufführungsrechten kommender Stücke beim Suhrkamp Verlag zu verbleiben"[16]. Als der „Spiegel"

[14] Neues Deutschland vom 2.9.1965: „10 Arbeitspunkte eines Autors in der geteilten Welt". Der Text erschien zeitgleich in der schwedischen Zeitung „Dagens Nyheter"; in der Bundesrepublik wurde er unter dem Titel „Notwendige Entscheidung" erstmals am 6.9. in der Zeitschrift „konkret" abgedruckt.

[15] Siegfried Unseld – Peter Weiss, Der Briefwechsel, hrsg. von Rainer Gerlach, Frankfurt a.M. 2007, S. 695–698: Siegfried Unseld an Peter Weiss vom 30.1.1969. Zuvor hatte sich Weiss allerdings über den mangelnden Informationsfluss beklagt; vgl. ebenda, S. 693f.: Peter Weiss an Siegfried Unseld vom 3.1.1969.

[16] Uwe Johnson – Siegfried Unseld. Der Briefwechsel, hrsg. von Eberhard Fahlke und Raimund Fellinger, Frankfurt a.M. 1999, S. 552: Siegfried Unseld an Uwe Johnson vom 21.2.1969.

vom 17. Februar 1969 Weiss mit den Worten zitierte: „Ich habe mir das Bein gebrochen und konnte nicht zu Braun nach Frankfurt kommen. Deshalb kenne ich noch keine Einzelheiten. Ich habe mich noch nicht entschieden“[17], reagierte Unseld sogleich. Er bat Weiss per Telegramm, sich zu äußern und die Sache klarzustellen[18]. Weiss antwortete mit einer Pressemitteilung. Ihr Tenor war völlig klar: Peter Weiss wartete weiterhin auf die grundstürzende Revolution und wollte bis dahin seine Stücke und Prosaarbeiten bei Suhrkamp verlegt sehen, um seine „Angriffe gegen den Kapitalismus und Imperialismus auf breitester Basis“ durchführen zu können[19].

Diese Position trug ihm einigen Spott ein[20]. Dennoch: Was hier in aller Kürze aufscheint, ist ein zentraler Gegensatz zwischen der ‚alten‘ und der Neuen Linken. Während die Erstere bis weit in die zweite Hälfte des 20. Jahrhunderts letztlich am Ziel einer sozialen und politischen Revolution – einer grundstürzenden gesamtgesellschaftlichen Umgestaltung – festhielt, stellte die Letztere die Emanzipation des Individuums in den Mittelpunkt und setzte auf eine Transformationsstrategie. Rückblickend wird man betonen müssen, dass Weiss‘ Entscheidung sich ökonomisch nicht auszahlte. Mindestens bis Anfang der 1960er Jahre war er keineswegs auf Rosen gebettet. Ein Wechsel zum Verlag der Autoren hätte sich finanziell für ihn wohl durchaus gelohnt[21]. Dass er bei Suhrkamp blieb, lag wohl an der Treue zu seinem Verleger Unseld ebenso wie an einem ausgeprägten Sicherheitsbedürfnis: Weiss scheute das Risiko eines Scheiterns der Verlagsneugründung. Bleibt eine Frage zu klären: Warum scheiterte der Verlag nicht?

Der Verlag der Autoren war nicht nur eine Gegengründung zum Suhrkamp Verlag, sondern versuchte zugleich – obgleich die Akteure dies so nicht unbedingt intendierten –, zwischen etablierten und alternativen Verlagen eine Synthese herbeizuführen. Mit anderen Worten: Das neue Unternehmen

[17] Der Spiegel vom 17. 2. 1969: „Verlag der Autoren – Gebrochenes Bein“.

[18] Briefwechsel Unseld – Weiss, S. 698: Telegramm Siegfried Unselds an Peter Weiss vom 17. 2. 1969.

[19] Die Zeit vom 28. 2. 1969: „Erklärung vom 20. 2. 1969“.

[20] Die Zeit vom 28. 2. 1969: „Erklärung II“; zu den Verfassern gehörten u. a. Bazon Brock, Wolfgang Deichsel und Günter Herburger. In der selben Ausgabe findet sich der Artikel „Ein Verlag der Autoren“. Vgl. auch Buch, S. 29 f.

[21] Vgl. Rainer Gerlach, Die Bedeutung des Suhrkamp Verlags für das Werk von Peter Weiss, St. Ingbert 2005, S. 360. In einem Gespräch mit dem „Spiegel“ räumten Braun und Wiens auf Nachfrage ein, dass Autoren in ihrem Verlag durchaus eine realistische Möglichkeit hätten, mehr Geld zu verdienen als anderswo, da sie schließlich zugleich Miteigentümer seien. Vgl. Der Spiegel vom 18. 5. 1970: „Was Linke sind, erweist sich in der Praxis“. Das folgende Zitat findet sich ebenda.

reagierte auf das Scheitern expliziter Gegenentwürfe. Karlheinz Braun führte das Überleben des Verlags der Autoren gegenüber anderen alternativen Verlagen letztlich darauf zurück, dass man es geschafft habe, sich nicht in fruchtlosen Diskussionen über Fragen wie „Ist das eigentlich noch links, was wir hier verlegen?" zu verlieren. Dem „Spiegel" antwortete Braun auf die Frage, ob es sich bei dem Verlag der Autoren denn nun um einen richtigen linken Verlag handele: „Also ich finde, was richtige Linke sind, das erweist sich wohl doch am ehesten in der Praxis und nicht in der Theorie." Rückblickend wird man die Bedeutung von Brauns Führungsstil kaum hoch genug veranschlagen können. Er agierte ohne Eitelkeit, stellte die Interessen des Verlags über alles andere, zeigte eine klare politische Orientierung, balancierte widerstreitende Interessen aus und erwies sich nicht zuletzt als „versierte[r] Kulturmanager"[22].

Neben dem Management war es die Gründung des Verlags als Theaterverlag, die den Grundstein zum Erfolg legte. Karlheinz Braun war Leiter der Theaterabteilung bei Suhrkamp gewesen, aber das allein gab nicht den Ausschlag. Es war vielmehr eine kluge finanzielle Kalkulation, die die Weichen stellte. Boehlich und Braun war schmerzlich bewusst, dass sie das Kapital für einen herkömmlichen Buchverlag kaum würden aufbringen können. Unseld hatte ihnen das im Herbst 1968 *en détail* vorgerechnet. Ein Theaterverlag hingegen, der vor allem mit (Aufführungs-)Rechten handelte, war mit weitaus weniger Kapital zu realisieren. Braun, Boehlich, Reichert, Widmer und Urban hatten aus dem Scheitern des Lektorenaufstands die Lehre gezogen, um der Sache willen kluge Kompromisse einzugehen. Ein weiterer Punkt trat hinzu. Entgegen der Selbstbeschreibung war die rechtliche Form des Verlags der Autoren nicht die einer eingetragenen Genossenschaft, der naheliegenden Rechtsform für selbstverwaltete Betriebe, sondern vielmehr die einer GmbH & Co. KG und damit gleichsam eine erzkapitalistische Mixtur aus Personen- und Kapitalgesellschaft, die die finanzielle Haftung der Eigentümer beschränkte. Das Modell hatte der Frankfurter Rechtsanwalt Manfred Schiedermair ersonnen[23]. Politisch-ideologisch stand der CDU-nahe Schiedermair den Gründern des Verlags der Autoren fern, aber er war zum einen ein großer Freund der Kultur und zum anderen reizte es ihn sehr, den Jung-Verlegern zu zeigen, dass es so schlecht um die bundesdeutsche Wirtschaftsordnung nicht bestellt sein konnte, wenn sie sogar einem Unter-

[22] So die sehr zutreffende Charakterisierung Brauns bei Manfred Kittel, Marsch durch die Institutionen? Politik und Kultur in Frankfurt nach 1968, München 2011, S. 454.
[23] Vgl. Manfred Schiedermair, Die rechtliche Konstruktion des Verlags, 1969 und heute, in: Buch, S. 11–19.

nehmen mit explizit sozialistischem Anspruch die passende Rechtsform und damit Chancen bot[24].

Während die Organisation als GmbH & Co. KG die Existenz des Verlags mit sozialistischem Anspruch in einer kapitalistischen Umwelt sicherstellte, wurde nach innen Sozialismus vor allem als Selbstbestimmung verstanden. Gewährleistet wurde diese durch ein demokratisches Modell der politischen Repräsentation, das einigen Mitgliedern des Verlags Macht auf Zeit verlieh. Aber in seiner Ausgestaltung ähnelte es wiederum eher herkömmlichen Modellen parlamentarischer Repräsentation als etwa solchen der Rätedemokratie. Die Mitglieder des Verlags – Autoren und Mitarbeiter – wählten Delegierte auf drei Jahre. Diese Delegierten fungierten als Exekutive – waren also letztlich die Geschäftsführer – und gestalteten das Verlagsprogramm. Sie unterlagen zudem keinem imperativen Mandat. Ihre Handlungsmöglichkeiten kamen denen klassischer Verleger durchaus nahe. Allerdings behielten die Mitglieder ein Vetorecht: Gegen das Nein aller Mitglieder konnten die Delegierten kein angebotenes Werk annehmen oder ablehnen. Die mindestens einmal jährlich tagende Mitgliederversammlung hingegen verkörperte die Legislative des Verlags. Die Mitgliederversammlung entschied „über die Aufgaben, Ziele und die Tendenz des Verlages“[25]. Mit der Verleihung von exekutiver Macht auf Zeit hatte es allerdings eine besondere Bewandtnis: Ein machtbegrenzendes Rotationsprinzip – wie es etwa Die Grünen mehr als ein Jahrzehnt lang praktizierten – gab es beim Verlag der Autoren nicht. Und so konnte Karlheinz Braun von 1969 bis 1976 und dann wieder von 1979 bis 1998 als gewählter Geschäftsführer amtieren[26]. Das mochte demokratietheoretisch bedenklich sein und bedeutete de facto für die Mitglieder des Verlags eher die Möglichkeit der Mitbestimmung als die der Selbstbestimmung – dem Erfolg des Hauses dürfte es sehr förderlich gewesen sein.

4. Von Suhrkamp zum Verlag der Autoren

Der Versuch der ehemaligen Suhrkamp-Lektoren, nach dem gescheiterten Lektorenaufstand Selbstbestimmung zu realisieren, folgte der Devise, die Geschichte selbst in die Hand zu nehmen, aber den „unmittelbar vorgefundenen, gegebenen und überlieferten Umständen“ Rechnung zu tragen. In

[24] Vgl. Karlheinz Braun, Wie der Verlag der Autoren entstanden ist. Chronik II, in: Boehlich u. a., Chronik der Lektoren, S. 177–202, hier S. 185.

[25] Karlheinz Braun/Wolfgang Wiens, Beschreibung der Verfassung des Verlags der Autoren (1969), in: Buch, S. 19–22, hier S. 20.

[26] Vgl. Boehlich u. a., Chronik der Lektoren, S. 204.

der Praxis lief das auf einen höchst pragmatischen Sozialismus hinaus, der für das Ziel eines möglichst selbstbestimmten Unternehmens etliche Kompromisse mit der liberal-kapitalistischen Wirtschafts- und Gesellschaftsordnung einzugehen bereit war. Und noch in einem weiteren Punkt zogen die Autoren-Verleger Lehren aus dem Scheitern ihrer Revolte im Suhrkamp Verlag: in der Konstruktion des Verlags als Unternehmen, das seinen Mitgliedern – den Autoren und den Angestellten des Verlags, vor allem aber den Autoren – gehört. Letztere sollten die Eigentümer des Verlags sein.

Blickt man zurück auf den Herbst 1968 im Suhrkamp Verlag, wird deutlich, wo hier die Pointe liegt. Unseld hatte den Konflikt mit den revoltierenden Lektoren zu seinen Gunsten entschieden, indem er ausgewählte Autoren, vor allem solche, mit denen er freundschaftlich verbunden war, auf seine Seite zog. In der berühmten Sitzung vom 14. auf den 15. Oktober 1968 votierten sie dann mehrheitlich für ihn, den Verleger, und erteilten der Lektoratsverfassung, die Unseld entmachtet hätte, eine deutliche Absage. Dieses von den Lektoren entworfene Statut hätte, verkürzt gesprochen, bedeutet, dass der Suhrkamp Verlag von den Lektoren und vom Verleger gemeinsam geleitet worden wäre. Die Lektoren hätten durch Mehrheitsentscheidung den Verleger überstimmen können, für Fehlentscheidungen allerdings finanziell nicht haften müssen. Das unternehmerische Risiko wäre allein bei Siegfried Unseld verblieben. Ein zentrales Argument der Autoren, die sich gegen die Lektoratsverfassung wandten, zielte jedoch auf einen anderen Punkt: Jürgen Habermas ergriff für seinen Verleger Partei mit der Begründung, da man nun einmal in einem kapitalistischen System lebe, habe ein sozialisierter Verlag mit schwerfälligeren Entscheidungsstrukturen keine langfristige Chance in der Konkurrenz mit den anderen Verlagen. Pointiert formuliert: Die alte Linke, in Gestalt prominenter Suhrkamp Autoren, bemerkenswerterweise mit Habermas an der Spitze, hatte der Neuen Linken, den Lektoren, geantwortet und den Konflikt – zunächst – für sich entschieden[27].

Fragt man danach, weshalb sich die Lektoren ohne großen Widerspruch auf Unselds Manöver einließen – denn selbstverständlich war es nicht, den Autoren die Schiedsrichterrolle in einem Konflikt um die Macht bei Suhrkamp zu geben –, gelangt man letztlich zum Unternehmensleitbild des Suhrkamp Verlags, das im Wesentlichen darin bestand, sich als Autorenverlag zu begreifen. Am deutlichsten kam diese zentrale Maxime in der Peter Suhrkamp zugeschriebenen Sentenz zum Ausdruck, die Siegfried Unseld popularisierte:

[27] Dass Habermas in diesem Konflikt eine Position der alten Linken vertrat, legt nahe, einzelne Personen nicht umstandslos der einen oder der anderen Richtung zuzuschlagen.

„Der Autor ‚steht als schöpferische Persönlichkeit turmhoch über uns'"[28]. Auch wenn man letztlich nicht sicher sein kann, dass Suhrkamp das so je gesagt hat, glaubhaft ist es allemal. Schließlich hatte im Frühsommer des Jahres 1950 das Votum von 33 Autoren die Gründung des Suhrkamp Verlags überhaupt erst ermöglicht. 33 Autoren wollten Peter Suhrkamp, der den ehemals jüdischen S. Fischer Verlag während der NS-Zeit von 1936 bis zu seiner Verhaftung im Frühjahr 1944 geleitet hatte, als ihren Verleger behalten und schieden daher mit ihm aus dem S. Fischer Verlag aus. Genau hier liegt die Besonderheit des Suhrkamp Verlags: Mochten auch andere Verlage die Formel, man verlege keine Bücher, sondern Autoren, für sich in Anspruch nehmen, so konnte kein anderer seine Existenz auf eine Entscheidung von annähernd drei Dutzend Autoren zurückführen.

5. Fazit

Diesem Gründungsmythos fügten sich im Herbst des Jahres 1968 auch die Lektoren, wobei fünf von ihnen – angeführt von Karlheinz Braun – ein gutes Vierteljahr später eigene Konsequenzen aus ihrer Niederlage zogen: Sie gründeten einen Verlag, der die Autoren (und Mitarbeiter) gleich zu Eigentümern machte und so den Widerspruch zwischen Arbeit und Kapital mit den Autoren als unkalkulierbarem Faktor aufzuheben bestrebt war. Mit Blick auf den Lektorenaufstand im Suhrkamp Verlag schrieb Frank Benseler, dass

> „die Sozialisierung des Suhrkamp Verlages ein unüberhörbares Signal für den westdeutschen Kapitalismus mit nicht so leicht überschaubaren internationalen Wirkungen, mit hohem Sozialisierungseffekt und – wenn Organisation die Vermittlerin zwischen Theorie und Praxis ist – erheblichen Folgen für das Klassenbewußtsein der Intelligenz gewesen [wäre]."[29]

Dazu kam es bekanntlich nicht. Die Institutionalisierung von Gegenmacht innerhalb des Suhrkamp Verlags scheiterte. Für fünf der neun Suhrkamp-Lektoren lag die Lösung in einer gegeninstitutionellen Neugründung. Sie hatten Erfolg: Mit dem Verlag der Autoren gelang die Vermittlung zwischen Theorie und Praxis in einer selbstverwalteten Organisation.

[28] Wolfgang Schopf, „...steht als schöpferische Persönlichkeit turmhoch über uns". Eine Annäherung an Peter Suhrkamp beim Stöbern in seinen Korrespondenzen, in: Forschung Frankfurt 25 (2007) H. 1, S. 20–29.

[29] Frank Benseler, Über literarische Produktionsverhältnisse, in: ad lectores 8 (Luchterhand), Neuwied 1969, S. 61–87, Zitat S. 67. Eine „Sozialisierung" des Suhrkamp Verlags wäre sicher ein deutliches Signal für den westdeutschen Buchhandel gewesen; eine Lektoratsverfassung hätte zumindest die Entmachtung, wenn auch nicht die Enteignung der Kapitalseite bedeutet.

Silja Behre

Horizont-Ende?

Kämpfe um die Erinnerung der 68er-Bewegung
Eine deutsch-französische Perspektive

1. Momentaufnahme

In West-Berlin demonstrieren Tausende gegen den Vietnam-Krieg. In Kettenreihen untergehakt und „Ho-Ho-Ho-Chi-Minh" skandierend, ziehen die Demonstranten durch die Straßen. Der SDS hat zu einem Internationalen Vietnam-Kongress eingeladen. Jugend- und Studentengruppen der politischen Linken aus aller Welt sind gekommen. Es ist der 18. Februar 1968. „Wir haben nicht mehr viel Zeit", hatte Rudi Dutschke, Sprecher des antiautoritären Flügels des Berliner SDS, kurz zuvor erklärt und die Zuhörer im Auditorium Maximum der TU Berlin mit Blick auf die drohende „Periode autoritärer Weltherrschaft von Washington bis Wladiwostok" beschworen: „Wir haben eine historisch offene Möglichkeit. Es hängt primär von unserem Willen ab, wie diese Periode der Geschichte enden wird"[1]. Die Wahrnehmung, historisches Subjekt zu sein, in die Geschichte eingreifen zu können, verbindet die Teilnehmer über alle politischen Divergenzen hinweg. Sie wird auch von einem jungen Mann aus Frankreich geteilt, der, so hat es eine Photografie festgehalten, auf der Abschlussdemonstration des Kongresses neben Dutschke marschiert: Alain Krivine von der trotzkistischen *Jeunesse Communiste Révolutionnaire*.

Für einen Augenblick fängt diese Szene mehrere Charakteristika der 68er-Bewegung ein: die Vorstellung von der Machbarkeit der Geschichte, also eine spezifische Zeitwahrnehmung, den Enthusiasmus der Utopie, den die Träger der Proteste teilten, aber auch deren Heterogenität. Nur wenige Monate nach dem Vietnam-Kongress, Ende Mai 1968, begann in Frankreich und der Bundesrepublik der Zerfall der Bewegung. Die Trägergruppen lösten sich auf oder wurden verboten. Neue Gruppierungen formierten sich, um den einmal erreichten Mobilisierungsgrad aufrechtzu-

[1] Rudi Dutschke, Die geschichtlichen Bedingungen für den internationalen Emanzipationskampf. Rede auf dem Internationalen Vietnam-Kongreß in West-Berlin, Februar 1968, in: Rudi Dutschke, Geschichte ist machbar. Texte über das herrschende Falsche und die Radikalität des Friedens, hrsg. von Jürgen Miermeister, Berlin 1991, S. 105–121, hier S. 120.

erhalten. Der Enthusiasmus, den die Utopie der 68er-Bewegung ausgezeichnet hatte, mündete in Auseinandersetzungen um die Bedeutung der Proteste.

Ausgehend von dieser Momentaufnahme werden die in den 1970er und 1980er Jahren in dokumentarischen, autobiographischen, essayistischen oder journalistischen Retrospektiven, in Fernsehsendungen und auf Kongressen ausgetragenen Auseinandersetzungen um die 68er-Bewegung mit Pierre Bourdieu als symbolische Kämpfe um die Sicht- und Teilungskriterien der sozialen Welt verstanden[2] und am Beispiel dreier Wahrnehmungskonkurrenzen analysiert. In Form eines französisch-deutschen Szenenwechsels soll, erstens, gezeigt werden, wie auf der Ebene der Zeitwahrnehmung die Auseinandersetzung um die Möglichkeit von Utopien die Wahrnehmung von „68“ bestimmte und Sprecherhierarchien strukturierte. Entfaltet wird, zweitens, wie sich Divergenzen auf der Ebene des Politikverständnisses innerhalb der 68er-Bewegung nach deren Zerfall im Streit um Erfolg oder Scheitern fortsetzten. Schließlich wird, drittens, untersucht, wer definierte, was von „68“ erinnert werden sollte.

2. Der Kampf um die Zeit. Was war die Utopie?

Die Vorstellung, in die Geschichte einzugreifen, um die Zukunft zu gestalten, prägte den Aufbruch von 1968. Diese für die 68er-Bewegung charakteristische Zeitwahrnehmung stand nach ihrem Zerfall zur Disposition: War mit der Demobilisierung der Bewegung das Ende der Utopien gekommen? Wie konnte eine Utopie nach dem von vielen Akteuren als Scheitern erlebten Zerfall der 68er-Bewegung noch aussehen? Diese Fragen bestimmten seit dem Ende der 1970er Jahre die symbolischen Auseinandersetzungen um die legitime Wahrnehmung der 68er-Bewegung und strukturierten die Konstruktionsarbeit an der „68er Generation“. Im Folgenden wird gezeigt, wie Generation zu einer Wahrnehmungskategorie avancierte und die um die Vergangenheit geführten Deutungskämpfe immer auch Kämpfe um Zukunftsentwürfe und die Möglichkeit von Utopien waren.

Ein Journalist griff 1976 in „Le Monde“ einen Topos auf, der bislang vor allem mit der durch den Ersten Weltkrieg geprägten Generation assoziiert worden war, und brachte ihn in einen neuen Zusammenhang. Eine „neue verlorene Generation“ sei aus den Erfahrungen des Mai 1968 und den damit verbundenen, aber nicht erfüllten Hoffnungen auf eine andere Gesellschafts-

[2] Vgl. dazu die Einleitung zu diesem Band, S. 8ff.

ordnung hervorgegangen[3]. Ein Jahr später übernahm ein Band mit Interviews ehemaliger Akteure der 68er-Bewegung den Topos der „verlorenen Generation" als Titel und markierte den Auftakt zu einem Jahrzehnt, in dem sich die Wahrnehmung einer französischen „68er Generation" etablierte, die sich vor allem über ihr verändertes Verhältnis zur Utopie und über ihre Abkehr von einstigen revolutionären Hoffnungen definierte[4]. Durch die Auswahl der Porträtierten avancierten die Begriffe *génération* und *génération perdue* zu Synonymen einer die Erinnerung an die 68er-Bewegung monopolisierenden Deutungselite. Die Sprecherlegitimität wurde über das Verhältnis zur Utopie verhandelt. Das Bild einer „68er Generation", deren Machtposition vor allem auf der „Abkehr von den Ideen von 1968"[5] gründete, sollte sich später auch in der Bundesrepublik durchsetzen, doch entwickelte es in Frankreich eine besondere Wirkmacht. Die damit verbundene Deutung fand unter dem Stichwort *génération*[6] Eingang in die französischen „Erinnerungsorte" und wurde von Historikern und Soziologen aufgenommen und fortgeschrieben.

Den Höhepunkt dieser Entwicklung markierte die dokumentarische Fernsehserie *Génération*, die auf einem populärwissenschaftlichen Sachbuch-Bestseller basierte[7]. Zwei Journalisten entwarfen darin auf der Grundlage von Interviews mit Protagonisten der französischen 68er-Bewegung ein Panorama der 1960er und 1970er Jahre. Ins Zentrum rückte das Porträt einer Generation, die, aufgebrochen, die Welt zu verändern, innerhalb von zehn Jahren Abschied von den einstigen Idealen genommen hatte. Sie bedienten sich damit einer Erzählstruktur, die bereits den in den 1970er Jahren erschienenen Retrospektiven auf den Mai 1968 zugrundegelegen hatte[8]. Erzählt wurde eine 1968 beginnende Reise ans Ende der Utopie, bei der die einzelnen Etappen einer schrittweisen Desillusionierung gleichkamen. Eine Etappe in der Erzählung von *Génération* bildete der Terrorismus der Roten Armee Fraktion in der Bundesrepublik. Die Autoren erklärten diese Entwicklung mit der Empörung über den Vietnam-Krieg, die durch eine

[3] Le Monde vom 6.9.1976: „La nouvelle génération perdue" (Pierre Viansson-Ponté).
[4] Jacques Paugam, Génération perdue, Paris 1977.
[5] Heinz Bude, Die Politik der Generationen, in: Gewerkschaftliche Monatshefte 11 (1998), S.689–694, hier S.692.
[6] Vgl. Pierre Nora, La génération, in: ders. (Hrsg.), Les lieux de mémoire, Bd.2, Paris 1997, S.2975–3015.
[7] Hervé Hamon/Patrick Rotman, Génération I. Les années de rêve/II. Les années de poudre, Paris 1987/88.
[8] Vgl. z.B. Jean-Claude Guillebaud, Les années orphélines 1968–1978, Paris 1978.

Revolte gegen die Elterngeneration und deren Rolle und Verhalten im Nationalsozialismus verstärkt worden sei. Protagonisten der französischen 68er-Bewegung griffen diese Deutung auf, um ein positives generationelles Selbstbild zu konstruieren, und schrieben mithin die Wahrnehmung der deutschen 68er-Bewegung als Rebellion gegen die Elterngeneration fort[9].

Während das veränderte Verhältnis zur Zukunft als Matrix der französischen Generationskonstruktion fungierte, markierte in der Bundesrepublik die Auseinandersetzung mit der NS-Vergangenheit den Ausgangspunkt für die Deutung der 68er-Bewegung als Generationskonflikt. In den Auseinandersetzungen um den Generationenbegriff, vereinzelt als Reduktion kritisiert[10], wurde auch mit dieser Interpretation ein spezifisches Verhältnis zur Zukunft verhandelt, nämlich die Maxime, anders zu handeln als die Elterngeneration. „Weltvertrauen" nannte die Publizistin Silvia Bovenschen 1988 den Glauben „an die prinzipielle Veränderbarkeit von allem und jedem". Zugleich zweifelte sie in ihrer kritischen Auseinandersetzung mit dem Werden *ihrer* Generation, ob „heute noch viele von uns die Befunde dessen, was sie für ihre Individualität halten, in ein [...] fortschrittsgeschichtliches Streckbett legen würden"[11]. Sie konstatierte eine Wahrnehmungsveränderung, die zehn Jahre zuvor von Klaus Hartung, einem ehemaligen Mitglied des Berliner SDS und Mitbegründer der „tageszeitung", als „Verlust von Zeit als Medium politischen Kampfes" beschrieben worden war[12]. Die Fähigkeit, Zukunft zu denken, sei auf der radikalen Linken verloren gegangen. Im selben Jahr hatte Hans Magnus Enzensberger den Verlust der Zukunft, des Glaubens an die Möglichkeit gesellschaftlicher Transformation und die Machbarkeit von Geschichte in „Der Untergang der Titanic" zu einer „Komödie" verdichtet[13].

Die Diagnose einer veränderten Zeitwahrnehmung forderte auch den Schriftsteller Peter Schneider heraus, der 1967/68 die Kampagne gegen das Verlagshaus Springer organisiert hatte. Auf einem Kongress, der 1985 in

[9] Vgl. Hamon/Rotman, Génération, Bd. 2, S. 591 und S. 636–637, sowie Henri Weber, Vingt ans après. Que reste-t-il de 68?, Paris 1988, S. 74.

[10] Vgl. Frankfurter Rundschau vom 9. 7. 1988: „Ein Mythos, den man zerstören muß" (Detlev Claussen im Gespräch mit Claus Leggewie).

[11] Frankfurter Allgemeine Zeitung vom 3. 12. 1988: „Die Generation der Achtundsechziger bewacht das Ereignis. Ein kritischer Rückblick" (Silvia Bovenschen).

[12] Klaus Hartung, Über die langandauernde Jugend im linken Getto. Lebensalter und Politik – Aus der Sicht eines 38jährigen, in: Kursbuch 54 (1978), S. 174–188, hier S. 177.

[13] Vgl. Henning Marmulla, Enzensbergers Kursbuch. Eine Zeitschrift um 68, Berlin 2011, S. 247ff.

Berlin ehemalige Mitglieder des SDS wieder zusammen brachte, forderte Schneider die einstigen Weggefährten zu einer kritischen Reflexion über ihr Verhältnis zur Utopie auf und knüpfte an die Wahrnehmung der 68er-Bewegung als Auseinandersetzung der Generationen mit einem Vergleich an: „Wir sind mit unserer eigenen Vergangenheit, die allerdings keine Vergangenheit der Taten war, sondern von Utopien, mit dieser Vergangenheit sind wir nicht viel besser umgegangen als unsere Väter mit der ihren." Das Defizit, das Schneider wahrnahm, beruhte auf dem Vergleich mit einer französischen Debatte: „Wenn die Franzosen so etwas versucht haben, z. T. vollkommen missglückt, dann ist hier nur ein entsetzter Aufschrei zu hören, wie sehr die nach rechts gerutscht sind."[14] Was war in Frankreich geschehen?

Unter dem Etikett der *Nouvelle Philosophie* waren ehemalige Aktivisten oder Beobachter der 68er-Bewegung wie André Glucksmann, Christian Jambet, Guy Lardreau und Bernard-Henri Lévy seit 1976 mit ihren Thesen über den Zusammenhang zwischen Marxismus und Totalitarismus hervorgetreten und hatten eine Diskussion über den Fortschrittsoptimismus der Moderne eingeleitet. Ihre Argumentationen einte die Absage an gesellschaftliche Transformationsprozesse, die sich an der marxistischen Theorie orientierten. Sie machten früheres politisches Engagement in maoistischen Trägergruppen der 68er-Bewegung und deren Nachfolgeorganisationen – wie der *Gauche Prolétarienne* – sowie den 1974 in Frankreich erschienenen „Archipel Gulag" von Alexander Solschenizyn zum Ausgangspunkt einer These, die im Marxismus die Wurzel totalitärer Entwicklungen sah. Der unkritische Glaube westlicher Intellektueller an das in der Marxschen Theorie angelegte Emanzipationsversprechen habe das sowjetische Lagersystem als historische Notwendigkeit legitimiert. Mit dieser Kritik stellten sie ein Zeit- und Geschichtsverständnis infrage, das sich an historischen Gesetzen orientierte, bezogen ihre Forderung nach einer Revision des Utopieglaubens auch auf die „Protestbewegung in Westeuropa" von 1968 (André Glucksmann) und verorteten den Mai 1968 als „schwärzestes Datum des Sozialismus" (Bernard-Henri Lévy)[15].

[14] Peter Schneiders protokollierter Diskussionsbeitrag in: Siegfried Lönnendonker (Hrsg.), Linksintellektueller Aufbruch zwischen „Kulturrevolution" und „kultureller Zerstörung", Opladen 1998, S. 221 f.

[15] André Glucksmann, Köchin und Menschenfresser. Über die Beziehung zwischen Staat, Marxismus und Konzentrationslager, Berlin 1976, S. 26; Bernard-Henri Lévy, La barbarie à visage humain, Paris 1977, S. 212.

In der Debatte vollzogen sich auf diese Weise zwei Gleichsetzungen: Die dem Mai 1968 zugeschriebene Utopiegläubigkeit wurde mehr und mehr zum Synonym einer sich an historischen Gesetzen orientierenden Zeitwahrnehmung in der Nachfolge historischer Revolutionen. Zugleich wurden die Thesen der sogenannten Neuen Philosophen als die Stimme der „neuen verlorenen Generation" (Pierre Viansson-Ponté) wahrgenommen. Nur wenige erhoben Einspruch, darunter der Philosoph Guy Hocquenghem. Er hatte sich im Mai 1968 für die trotzkistische *Jeunesse Communiste Révolutionnaire* von Alain Krivine engagiert, doch unter dem Eindruck der Ereignisse von dem traditionellen Organisationsmodell ab- und antiautoritären Aktionsformen zugewandt. Auch 1986, als er einen „offenen Brief" an jene seiner ehemaligen Mitstreiter adressierte, die den „Mao-Kragen" gegen den „Rotary Club" eingetauscht hätten, verteidigte er die Möglichkeit einer Utopie, und zwar einer Utopie, die sich gerade nicht an den von Marx formulierten historischen Gesetzen orientiere, sondern im Gegenteil sich gerade in Opposition dazu formiert habe. Zugleich erteilte er in seinem Brief, den er namentlich auch an einige der Neuen Philosophen gerichtet hatte, der Selbstbeschreibung ehemaliger Akteure der 68er-Bewegung als Generation, für ihn gleichbedeutend mit dem „Eingeständnis eines gescheiterten Traums"[16], eine Absage.

War der Generationsbegriff als Selbst- und Fremdzuschreibung in den Auseinandersetzungen um die 68er-Bewegung eine Kategorie mit „Depolitisierungseffekt"[17], wie Kristin Ross für den französischen Fall festgehalten hat? Oder war er vielmehr die Folge einer nachträglichen „Politisierung des Privaten", welche es ermöglichte, Generation als „emphatische Selbstbezeichnung"[18] zu akzeptieren? Die erste These knüpft an die zeitgenössische, von ehemaligen Akteuren der 68er-Bewegung geäußerte Kritik an. Die zweite These verschiebt die Ausweitung des Politikbegriffs der 68er-Bewegung in deren Wirkungsgeschichte. Indes, Generation kann als stets umkämpfte Wahrnehmungskategorie unterschiedliche Bedeutungen annehmen. Die Neuen Philosophen übernahmen nicht zwangsläufig den Begriff der Generation als Selbstbeschreibung. Und auch umgekehrt gilt: Nicht immer war die Deutung der 68er-Bewegung als generationsstiftendes oder von einer Generation getragenes Ereignis verbunden mit einer Absage an den Utopie-

[16] Guy Hocquenghem, Lettre à ceux qui sont passé du col Mao au club Rotary, Paris 1986, S. 16f.

[17] Kristin Ross, Mai 68 et ses vies ultérieures, Brüssel 2005, S. 13.

[18] Albrecht von Lucke, 68 oder neues Biedermeier. Der Kampf um die Deutungsmacht, Berlin 2008, S. 29.

glauben. So gab es Autoren, die von einer Generation als Träger der 68er-Bewegung sprachen, ohne sich der Enttäuschungsgeschichte anzuschließen[19]. Verknüpft war die Auseinandersetzung um die Wahrnehmungskategorie Generation jedoch stets mit der Frage nach der Möglichkeit der Utopie, nach einer Utopie, die nicht in den historischen Gesetzen der Marxschen Theorie aufging. War die 68er-Bewegung, die zum Symbol einer vergangenen – gleichwohl umkämpften – Utopie wurde, gescheitert?

3. Vom Glück des Scheiterns oder: der Streit um das Politische

Rudi Dutschke und Alain Krivine demonstrierten 1968 gemeinsam in West-Berlin gegen den Vietnamkrieg, einig, diese Welt zu verändern. Sie hatten lange vor 1968 nach Möglichkeiten sozialistischer Politik jenseits des sowjetischen Modells gesucht. Die *Jeunesse Communiste Révolutionnaire* von Krivine verknüpfte das Ziel einer gesellschaftlichen Transformation zwar noch mit einer Avantgarde-Partei und der Arbeiterklasse als revolutionärem Subjekt, grenzte sich durch ihren Antistalinismus aber von den moskauorientierten kommunistischen Parteien ab. Darin stimmte sie mit Rudi Dutschke überein. Für den von der intellektuellen Neuen Linken beeinflussten Dutschke führte der Weg zur gesellschaftlichen Transformation jedoch nicht über hierarchisch strukturierte Organisationen, sondern über provokative antiautoritäre Aktionen. Für ihn und seine Mitstreiter galt es, autoritäre Strukturen in Erziehung, Beziehungen und Institutionen aufzubrechen. Die unterschiedlichen Politikvorstellungen Rudi Dutschkes und Alain Krivines stehen exemplarisch für die innerhalb der 68er-Bewegung konkurrierenden kognitiven Orientierungen. Diese Konkurrenzen setzten sich nach dem Ende der Proteste in den symbolischen Auseinandersetzungen um den politischen Charakter der 68er-Bewegung fort. In einer Bilanz 20 Jahre nach dem Vietnam-Kongress griff Alain Krivine eine Deutung auf, die in den Auseinandersetzungen um „1968 und die Folgen" in Frankreich und Deutschland journalistische Kommentare, autobiographische Rückblicke und die Forschung prägte: Die 68er-Bewegung sei politisch gescheitert, doch kulturell erfolgreich gewesen[20].

Seit den 1980er Jahren ist diese Aussage zu einem veritablen Wahrnehmungsprogramm avanciert, wie Pierre Bourdieu „rituelle Ausdrucksformen"

[19] Vgl. Jean-Marc Salmon, L'hôtel de l'Avenir, Paris 1978.
[20] Alain Krivine, in: Hamon/Rotman, Génération, Bd. 2, hier S. 627.

genannt hat, die „mit einem bestimmten Anspruch auf symbolische Autorität" eine „bestimmte Vorstellung von der sozialen Welt" durchzusetzen suchen[21]. Was aber bedeutet „politisch gescheitert" und „kulturell erfolgreich"? Als Antithese formuliert, schreibt sie der 68er-Bewegung gegensätzliche Wirkungen zu. Dabei bezieht sich das als „politisch" definierte Scheitern auf die ausgebliebene Veränderung des politischen Systems. Unter dem Begriff „kulturell" werden dagegen die dem Bereich der Lebenswelt zugeschriebenen Veränderungen gefasst. Die Formel fasst die innerhalb der 68er-Bewegungen konkurrierenden politischen Ordnungsvorstellungen, perpetuiert aber einen traditionellen Politikbegriff, den die Neue Linke aufgegeben hatte. Was diese als „politisch" definiert hatte, wird wieder dem kulturellen Bereich zugewiesen. Das Wahrnehmungsprogramm vom politischen Scheitern und kulturellen Erfolg der 68er-Bewegung ist das Ergebnis einer homogenisierenden Konstruktionsarbeit, die vier Merkmale aufweist.

Erstens: Die Identifikation der 68er-Bewegung mit einem Politikverständnis. „Wir haben politisch verloren", resümierte beispielsweise Tiennot Grumbach 1988, aber seine Generation habe die „kulturellen Fundamente der französischen Gesellschaft"[22] verändert. Grumbach hatte zwischen dem Ende der 1960er Jahre und den frühen 1970er Jahren zu unterschiedlichen politischen Gruppen gehört. Diese Erfahrungen subsumierte er unter einem Verständnis von Politik, das mit Hilfe des Kollektivs „wir" auf die gesamte Protestbewegung projiziert werden konnte.

Zweitens: Die (Re-)Akzentuierung des traditionellen, staats- und machtzentrierten Politikbegriffs sowie der Vergleich mit historischen Revolutionen ermöglichten eine Integration der transnationalen 68er-Bewegung in die Nationalgeschichten. Tilman Fichter, ehemaliges Mitglied des Berliner SDS, urteilte 1988, dass die „Studentenbewegung [...] von Anfang an zum Scheitern verurteilt" gewesen sei, sich einreihe in die in Deutschland gescheiterten „Jugend- Lebensreform- und Frauenbewegungen" und diese Form des Protests ohne Unterstützung der Sozialdemokratie und der Gewerkschaften „machtpolitisch" auch weiterhin erfolglos bliebe[23]. Aus der Perspektive der nationalen Geschichte ergaben sich in dieser Perspektive Zwangsläufigkeiten, von denen auf Verlauf und Entwicklung der 68er-Bewegung geschlossen wurde. Im Land der Revolutionen müsse, konstatierte der Journalist Laurent

[21] Pierre Bourdieu, Was heißt sprechen? Zur Ökonomie des sprachlichen Tausches, Wien [2]2005, S. 100.

[22] Tiennot Grumbach, in: Hamon/Rotman, Génération, Bd. 2, S. 639.

[23] Tilman Fichter, in: Tobias Mündemann, Die 68er ...und was aus ihnen geworden ist, München 1988, S. 205.

Joffrin 1988, eine Revolution scheitern, damit sich alles ändere. Es triumphiere der kulturelle Teil des Mai 1968 als stille „Revolution der Sitten“[24].

Drittens: Die Argumentationsstruktur der „List der Vernunft“. Diese verstand die nicht-intendierten Folgen der 68er-Bewegung als eigentlichen Erfolg der Proteste und prägte damit seit den 1980er Jahren sowohl die deutsche als auch die französische Auseinandersetzung um die 68er-Bewegung und ihre vermeintlichen Folgen. Sie besagt: Die eigentlichen Entwicklungen gingen nicht auf die Forderungen und Handlungen der Akteure zurück, sondern seien schon lange in der historischen Konstellation angelegt gewesen, und zwar jenseits der Wahrnehmung der Akteure. In den 1980er Jahren popularisierte der Historiker François Furet diese Deutung am Beispiel der Französischen Revolution im Rahmen seiner Revision der Historiographie. Sie avancierte zum zweihundertjährigen Revolutionsjubiläum 1989, dem *bicentenaire*, gleichsam zur offiziellen Lesart von „1789“. Aus dem Kreis um Furet gingen wirkmächtige Interpretationen des Mai 1968 hervor[25], die sein Deutungsraster der Französischen Revolution auf den Mai 1968 anlegten. In der Bundesrepublik knüpfte der Politologe Claus Leggewie 1988 im Rahmen einer in der „Frankfurter Rundschau“ erschienenen 68er-Serie daran an und hielt an der Argumentationsfigur der „List der Geschichte“ in einer späteren Publikation fest, als er 1968 als „glücklich gescheiterte Revolution“ charakterisierte[26].

Viertens: Die Zuschreibung „Glück des Scheiterns“, von Wolfgang Welsch „postmoderne Reflexion“ genannt, wurde von zahlreichen ehemaligen Akteuren der 68er-Bewegung seit dem Ende der 1970er Jahre vorgenommen und propagiert. Sie beruhte auf der Prämisse: „Die Einlösung der Idee, deren vollendete Realisation brächte das vollendete Desaster. Das Nichtgelingen ist unser Glück.“[27] Die Formel blieb nicht ohne Widerspruch.

Es waren die Repräsentanten antiautoritärer Gruppen, die diesem Wahrnehmungsprogramm ihre gänzlich anderen Erfahrungen entgegensetzten. Jacques Baynac beschrieb 1978, wie im Mai 1968 in einem *comité d'action* Studenten und Arbeiter ohne institutionalisierte Parteistrukturen, Ämter

[24] Laurent Joffrin, Mai 68. Histoire des événements, Paris 1988, S. 9 und S. 319.

[25] Vgl. Luc Ferry/Alain Renaut, La pensée 68. Essai sur l'anti-humanisme contemporain, Paris 1988, oder Isabelle Sommier, Sous les pavés d'une page officielle, in: Sociétés contemporaines 20 (1994), S. 63–82.

[26] Claus Leggewie, Die edle Revolte: Bilanz eines Gedenkjahres „20 Jahre antiautoritäre Protestbewegung“, in: Frankfurter Rundschau, 17. 12. 1988; vgl. auch Claus Leggewie, 1968 ist Geschichte, in: APuZ 22–23/2001, S. 3–6, hier S. 5.

[27] Wolfgang Welsch, Einleitung, in: ders. (Hrsg.), Wege aus der Moderne. Schlüsseltexte der Postmoderne-Diskussion, Weinheim 1988, S. 1–43, hier S. 16.

und Programme kollektiv Entscheidungen trafen. Für ihn konnte man daraus „wie in einem offenen Buch“ lesen, „dass der Mai 1968 eine Revolution in der Revolution“ gewesen sei[28]. Im „Kursbuch“ rief 1977 der Journalist Klaus Hartung das Politikverständnis der „antiautoritären Bewegung“ in Erinnerung, nachdem ein überwunden geglaubter „neuer alter Begriff von Politik“[29] wieder in den Vordergrund getreten sei. Sich ebenfalls von einem traditionellen Politikbegriff abgrenzend, charakterisierten Frank Wolff und Eberhard Windaus die Studentenbewegung als „vorpolitisch, nicht macht- oder staatspolitisch“, und argumentierten, dass sie „alle wesentlichen, fast existentiellen Fragen von Familie, Erziehung, Sexualität, Kultur und Wissenschaft, Bewußtsein, sinnloser Arbeit, langweiliger Freizeit, Herrschaft“[30] aufgegriffen und zum Thema gemacht habe.

Auch Daniel Cohn-Bendit wehrte sich 1978 in einer Diskussion im österreichischen Fernsehen dagegen, traditionelle politische Kategorien als Bewertungskriterien für die Wirkung der 68er-Bewegung gelten zu lassen. Für ihn kam es einem „Begräbnis“ gleich, vom Scheitern zu reden. „Es ist gescheitert“, hielt er dem Moderator Günther Nenning entgegen, „mit den Maßstäben der Politik, die wir gerade abgelehnt haben“[31]. Das Beispiel zeigt: Diejenigen, die sich zur antiautoritären Strömung der 68er-Bewegung zählten, sahen sich gezwungen, ihren Politikbegriff ex negativo zu definieren. Die Kontrastfolie dazu bildeten das Modell der Avantgarde-Partei in der Tradition Lenins sowie staatliche Institutionen.

Folgt man dem französischen Politologen Bernard Lacroix, dann ist die Dominanz des staatszentrierten Politikbegriffs in den Rückblicken auf die französische 68er-Bewegung Ausdruck eines staatlichen Monopols über das legitime Politikverständnis. Er stellt einen Zusammenhang zwischen den Positionen der Sprecher, ihrer Nähe zur staatlichen Macht und ihrer Deutung der 68er-Bewegung her[32]. Tatsächlich hielten vor allem solche Erinnerungs-

[28] Jacques Baynac, Mai retrouvé, Paris 1978, S. 13.

[29] Klaus Hartung, Versuch, die Krise der antiautoritären Bewegung wieder zur Sprache zu bringen, in: Kursbuch 48 (1977), S. 14–43, hier S. 14.

[30] Frank Wolff/Eberhard Windaus (Hrsg.), Studentenbewegung 1967–69. Protokolle und Materialien, Frankfurt a. M. 1977, S. 12f.

[31] Die Linke lebt – ein Fernseh-Dialog. Daniel Cohn-Bendit, Rudi Dutschke, Günther Nenning, Kurt Sontheimer und Mathias Walden diskutierten am 13./14. Juni 1978 im österreichischen Fernsehen drei Stunden und zwölf Minuten über den Mai 68 und die Folgen, in: Rudi Dutschke, Die Revolte. Wurzeln und Spuren eines Aufbruchs, hrsg. von Gretchen Dutschke-Klotz, Jürgen Miermeister und Jürgen Treulieb, Reinbek 1983, S. 264–313, hier S. 274.

[32] Vgl. Bernard Lacroix, 1968, 1995: Question de point de vue, und Bernard Lacroix, D'aujourd'hui à hier et d'hier à aujourd'hui: le chercheur et son objet, beide Beiträge in:

unternehmer[33] am traditionellen Politikbegriff fest, die während der 68er-Bewegung oder zum Zeitpunkt ihrer Stellungnahme über „1968“ einer marxistisch-leninistischen Gruppierung oder sozialdemokratischen Organisationen nahestanden.

Etablieren und durchsetzen konnte sich das Wahrnehmungsprogramm „politisch gescheitert, kulturell erfolgreich“ allerdings auch deshalb, weil zahlreiche Akteure ihre mit hierarchischen Ordnungsprinzipien gemachten Erfahrungen in marxistisch-leninistischen Organisationen mit der Politik („la politique“) assoziierten und dieses Politikverständnis retrospektiv auf die gesamte 68er-Bewegung projizierten. Es gilt also, dem zeitlichen Verlauf der 68er-Bewegung Rechnung zu tragen, die Phasen von der Formierung der Bewegung über die Mobilisierung und den Zerfall zu unterscheiden und die Erfahrungen und Stellungnahmen einzelner Sprecher vor diesem Hintergrund einzuordnen. Schließlich bleibt zu prüfen, inwiefern die dominierende Rolle des traditionellen Politikbegriffs Folge einer Assoziation mit Männlichkeit war.

In einer 1986 geführten Diskussion über das Politikverständnis des SDS differenzierte Jürgen Seifert, der seit den 1950er Jahren im SDS aktiv gewesen war, zwischen einem antiautoritären, mit Kommunebewegung und Kinderläden assoziierten, und einem traditionellen, als „männlich“ umschriebenen Politikverständnis innerhalb des Studentenverbands. Die Politisierung der als privat verstandenen Lebensbereiche habe „die bisherige Definition von Politik“[34] verändert und den die männliche Vorherrschaft sichernden traditionellen Politikbegriff infrage gestellt. Mit ähnlichen Argumenten grenzten sich Wortführerinnen der Neuen Frauenbewegung von der 68er-Bewegung ab[35]. Indem ein Teil der Neuen Frauenbewegung nach 1968 die Deutung des SDS als „Männerverein“ forcierte, gleichzeitig

Scalpel 4/5 (1999), S. 3–6 und S. 147–168; Boris Gobille, Excès de mémoire, déficit d'histoire. Mai 1968 et ses interprétations, in: Johann Michel (Hrsg.), Mémoires et Histoires. Des identités personnelles aux politiques de reconnaissance, Rennes 2005, S. 181–209.

[33] Vgl. Michael Pollak, Mémoire, oubli, silence, in: ders., Une identité blessée. Études de sociologie et d'histoire, Paris 1993, S. 15–39, hier S. 30

[34] Jürgen Seifert in: Helmut Schauer (Hrsg.), Prima Klima. Wider den Zeitgeist: Erste gnadenlose Generaldebatte zur endgültigen Klärung aller unzeitgemäßen Fragen, Hamburg 1987, S. 95f.

[35] Vgl. Alice Schwarzer, 1968: Granit. Alice Schwarzer erinnert sich: Von 68–88 kein langer Weg, in: Emma 5 (1988), S. 24–29. Zum Deutungskampf um „1968“ in der Neuen Frauenbewegung vgl. Kristina Schulz, Der lange Atem der Provokation. Die Frauenbewegung in der Bundesrepublik und in Frankreich 1968–1976, Frankfurt a. M. 2002, S. 184–189.

aber den antiautoritären Politikbegriff – Das Private ist politisch! – für sich beanspruchte, bekräftigte sie die Gleichsetzung der 68er-Bewegung mit einem traditionellen Politikbegriff.

In seiner „Bilanz" zu „Achtundsechzig" plädierte Wolfgang Kraushaar 2008 für eine Relativierung des Urteils, „politisch sei die damalige Bewegung zwar auf der ganzen Linie gescheitert, soziokulturell jedoch habe sie, wenn auch unbeabsichtigt, im Nachhinein eine Reihe von Erfolgen gezeitigt"[36]. Damit stellte er jedoch keineswegs die Kategorien infrage, sondern hielt an der „grundlegenden Bedeutung" der „Unterscheidung zwischen einer politischen und einer soziokulturellen Sphäre" fest. Indes, eine Historisierung der Auseinandersetzungen um das Politische der 68er-Bewegung muss „politisch" und „kulturell" als Kategorien in den symbolischen Auseinandersetzungen um „1968" begreifen, die einem ständigen Redefinitionsprozess unterliegen.

4. Akteure und Formen der Vergangenheitsverwaltung. Wer bestimmt, was von einer Bewegung erinnert wird?

Bewegungsakteure konnten, wie die Beispiele zeigen, zu Erinnerungsunternehmern werden, aber die sich an den Debatten um „1968" beteiligenden Erinnerungsunternehmer mussten keine Bewegungsakteure sein. Mit dem Erscheinen der ersten Retrospektiven und historischen Überblicksdarstellungen gegen Ende der 1970er Jahre setzte ein Prozess der Vergangenheitsverwaltung ein, in dem es nicht mehr nur um die Frage ging, welche Geschichte zu schreiben war, sondern vor allem darum, von wem sie geschrieben werden sollte. Welche Darstellungsform, welche Methode, welche Disziplin konnte die kollektiv erlebte Geschichte fassen, die manchen als ein „Rätsel"[37] erschien? In den Auseinandersetzungen wurde die Rolle der Akteure als Historiker der eigenen Geschichte ebenso kontrovers verhandelt wie die Form der historischen Darstellung. Für die Trotzkisten Alain Krivine und Daniel Bensaïd kam die Autobiographie als Form der Auseinandersetzung einem „Grabstein" der eigenen Geschichte gleich. „Das Symbolische verschlingt das Politische. Die subjektive Erzählung hört nicht auf, den Sinn zu verschleiern"[38], beanstandeten sie 1988 eine Wahrnehmung der 68er-Bewegung,

[36] Wolfgang Kraushaar, Achtundsechzig. Eine Bilanz, Berlin 2008, S. 286.

[37] Le mystère 68. Table Ronde, in: Le Débat 50 (1988), S. 61–78; vgl. auch die Beiträge unter dem Titel „Le mystère 68" in: Le Débat 51 (1988), S. 153–192.

[38] Daniel Bensaïd/Alain Krivine, Mai si! 1968–1988: Rebelles et repentis, Montreuil 1988, S. 183 und S. 11.

die, von einzelnen Persönlichkeiten bestimmt, als Ereignis vor allem in ihren Folgen auf die eigene Biographie reflektiert wurde. Ihre Kritik richtete sich gegen das Argument, die Komplexität der Ereignisse um „1968“ entziehe sich „eindeutigen Thesen“[39] und sei nur über die individuellen Lebenswege der Beteiligten abzubilden.

Der Anspruch, die Pluralität *der* Geschichten zu erzählen, spiegelte die Wissenschafts- und Theorieskepsis wider, die mit der skizzierten Wahrnehmungsveränderung am Ende der 1970er Jahre verbunden war. Als Ausdruck des Verlusts und der Abkehr von *der* Geschichte als teleologische Entwicklung war die Betonung *der* Geschichten in Form von Interview- und Porträtbänden zugleich eine symbolische Strategie, jenen „exemplarischen Unbekannten“[40] eine Stimme zu verleihen, die weder zur Bewegungselite noch zur Deutungselite gehörten und mithin die Monopolisierung der Erinnerung aufzubrechen.

Neben dokumentarische und biographische Publikationen und Retrospektiven traten Kongresse als Orte symbolischer Produktion. Um sich der eigenen Geschichte zu nähern, initiierten ehemalige Mitglieder des SDS, der sich 1970 aufgelöst hatte, zwei Kongresse, geleitet von unterschiedlichen Intentionen: Der „Prima-Klima“-Kongress, der 1986 in Frankfurt stattfand, verstand sich als Intervention „wider den Zeitgeist“[41]. Das 1985 vom Zentralinstitut für sozialwissenschaftliche Forschung der Freien Universität Berlin organisierte SDS-Symposium verfolgte den „forschungspolitischen Aspekt“, die Geschichte der Proteste „fest[zu]schreiben“[42]. Es stellte den Versuch dar, die Deutungshoheit über die eigene Vergangenheit zu sichern und mit einem angegliederten Archiv zu institutionalisieren. Einige Teilnehmer kritisierten diesen Anspruch sowie die Organisation, Struktur und Themensetzung beider Kongresse und provozierten mithin Auseinandersetzungen über Deutungshierarchien: zwischen Männern und Frauen, zwischen ehemaligen Anhängern des antiautoritären Flügels und ihren Kritikern, zwischen Zeitzeugen und interessierten Diskutanten. Dabei funktionierte die Akteursrolle als Legitimationsinstrument.

Ganz anders in Frankreich. Dort suchten Teilnehmer einer 1986 in Lyon organisierten und den Deutungen des Mai 1968 gewidmeten Konferenz

[39] Hamon/Rotman, Génération, Bd. 1, S. 597.
[40] Vgl. Peter Mosler, Was wir wollten, was wir wurden. Studentenrevolte – zehn Jahre danach. Mit einer Chronologie von Wolfgang Kraushaar, Reinbek 1977, Klappentext.
[41] Vgl. Schauer, Prima Klima, S. 8.
[42] Siegward Lönnendonker (Hrsg.), Linksintellektueller Aufbruch zwischen „Kulturrevolution“ und „kultureller Zerstörung“, Opladen 1998, S. 33 und S. 57.

den Bewegungsakteuren die Deutungshoheit über die 68er-Bewegung abzusprechen und zugleich Prämissen einer an Alexis de Tocqueville orientierten politischen Philosophie als Theorie der Wahrnehmung durchzusetzen[43]. Die Konferenz stand beispielhaft für Bemühungen, die Auseinandersetzungen mit der 68er-Bewegung zu verwissenschaftlichen und den Anspruch auf Wissenschaftlichkeit als Basis der Sprecherlegitimation gegenüber konkurrierenden Deutungsangeboten zu etablieren. Die Referenten richteten ihr Interesse auf die der 68er-Bewegung zugeschriebenen Folgen und ordneten sie in die Entwicklung des modernen Individualismus seit 1789 ein. Luc Ferry, Alain Renaut und Gilles Lipovetsky, junge Philosophen und daher oft verglichen mit den *Nouveaux Philosophes* der 1970er Jahre, fragten nach Kontinuitäten. So sah Gilles Lipovetsky in den Slogans der antiautoritären Gruppen den „esprit de Mai“ als den Katalysator einer Entwicklung am Werk, die zur Ausprägung eines zeitgenössischen Individuums geführt habe, das er als „entpolitisiert und realistisch, treibend und apathisch, größtenteils gleichgültig gegenüber großen sozialen Zielen und kollektiven Kämpfen“[44] charakterisierte. Er bereitete mithin eine Deutung der 68er-Bewegung vor, welche die Forderung nach Selbstbefreiung akzentuierte. Dabei blendete er die kollektiven Emanzipationsansprüche nicht aus, setzte sie jedoch mit der Theorie des Marxismus gleich und ignorierte, dass die Emanzipationsstrategie der Neuen Linken zugleich individuell und kollektiv war, ohne in den Prämissen des Marxismus aufzugehen: Selbstbefreiung ist nicht möglich ohne Selbstverwaltung[45].

5. Horizont-Ende?

Wie formiert sich in den symbolischen Auseinandersetzungen um die 68er-Bewegung die Erinnerung der Bewegung und an die Bewegung? Wie kann sich überhaupt ein Kollektiv erinnern, das zerfallen ist? Braucht es den vieldeutigen, unscharfen und zum wissenschaftlichen Modewort avancierten Begriff Erinnerung, um die Konkurrenzkämpfe um die „wahre“ Bedeutung der Protestbewegung zu rekonstruieren und zu analysieren?

[43] Die Beiträge der Konferenz sind erschienen in: Pouvoirs. Revue française d’études constitutionnelles et politiques. Mai 68, 39 (1986).

[44] Gilles Lipovetsky, L’Ère du vide. Essais sur l’individualisme contemporain, Paris 1983; Gilles Lipovetsky, „Changer la vie“ ou l’irruption de l’individualisme transpolitique, in: Pouvoirs. Revue française d’études constitutionnelles et politiques 39 (1986), S. 91–100, hier S. 98.

[45] Vgl. Ingrid Gilcher-Holtey, Die 68er Bewegung. Deutschland – Westeuropa – USA, München 2001.

Die diesem Beitrag zugrundeliegende Studie versteht sich als kritischer Beitrag zur historischen Erinnerungsforschung, die versucht, den angewandten Erinnerungsbegriff zu schärfen und in den Grundannahmen der Kultursoziologie Pierre Bourdieus ein Instrumentarium zur Analyse von kollektiven Erinnerungsprozessen sieht. Sie arbeitet mit einem Erinnerungsbegriff, der an die von Maurice Halbwachs formulierte Prämisse des gegenwartsorientierten Rekonstruktionscharakters von kollektiven Erinnerungsprozessen[46] anknüpft und sie zugleich erweitert: erstens, um die Ebene der Klassifzierungs- und Auslegungskonflikte, wobei – anders als bei Halbwachs – nicht die Kohäsion, sondern die Konkurrenz akzentuiert wird[47]. Zweitens knüpft sie an eine Soziologie der Erinnerung an, die Erinnerungskonstruktion als dynamischen Prozess definiert. Ein solcher Ansatz unterstreicht die Akteursrolle der Individuen, indem sie diese auch nach dem Zerfall des Kollektivs, in diesem Falle der sozialen Bewegung, in einem Netz von Kommunikations- und Machtbeziehungen sieht und analysiert[48]. Drittens versteht sie Erinnerungskonstruktion als einen Prozess, in dem Wahrnehmungskonkurrenzen nicht nur die Zeitebenen Gegenwart und Vergangenheit aufeinander beziehen, sondern zugleich immer auch die Zukunft zu definieren suchen.

Am Beginn dieser Darstellung stand eine Momentaufnahme aus dem Jahr 1968: der Internationale Vietnam-Kongress als „Schlüsselereignis"[49] der transnationalen 68er-Bewegung. Damit wurde kein systematischer deutsch-französischer Vergleich eingeleitet. Sie wurde vielmehr zum Ausgang genommen, um durch Szenenwechsel die parallel verlaufende Dynamik der Konstruktionsprozesse der Erinnerungen an die 68er-Bewegung in den 1970er und 1980er Jahren miteinander in Beziehung zu setzen und ihre Wahrnehmungskonkurrenzen sowie transnationalen Transfer- und Abgrenzungsprozesse aufzuzeigen. Während dieser Zeit wurden die diskursiven Grundbausteine der Auseinandersetzungen gelegt, wurden Klassifikationsschemata etabliert, deren Konstruktion am Ende der 1980er Jahre weitestgehend abgeschlossen war und die in späteren Jahren nur noch variiert und akzentuiert werden konnten.

[46] Vgl. Maurice Halbwachs, Les cadres sociaux de la mémoire, Paris 1997; Maurice Halbwachs, La mémoire collective, Paris 1997.
[47] Vgl. Pollak, Mémoire, oubli, silence.
[48] Vgl. Roger Bastide, Les réligions africaines au Brésil, Paris 1960; Roger Bastide, Mémoire collective et sociologie du bricolage, in: L'Année Sociologique 21(1970), S. 65–108, Marie-Claire Lavabre, Le fil rouge. Sociologie de la mémoire communiste, Paris 1994; Pollak, Mémoire, oubli, silence.
[49] Ingrid Gilcher-Holtey, 68er Bewegung, München [4]2008, S. 9.

Die deutsch-französische Perspektive auf die Erinnerungskämpfe zeigt: Der Möglichkeitsraum des Utopischen, der sich durch die 68er-Bewegung geöffnet, geweitet, der die Grenzen des Politischen infrage gestellt hatte, schloss sich mehr und mehr und scheint mit dem Urteil vom politischen Scheitern *ver*schlossen. Doch die Erinnerungsgeschichte der 68er-Bewegung geht nicht in einer diachronen Erzählstruktur, nicht in einer Aufbruchs- und Enttäuschungsgeschichte und nicht im Bildungsroman einer Generation auf. Sie ist eine Kampfgeschichte um das Ende des Horizonts. Solange es Auseinandersetzungen gibt, solange „gibt es auch Geschichte, und das heißt Hoffnung“[50].

[50] Pierre Bourdieu, Soziologische Fragen, Frankfurt a. M. 1993, S. 65.

Udo Wengst

„1968" als Gegenstand der Kommunikations- und Bewegungsforschung

Erkenntnisfortschritt oder Begriffsakrobatik?

1. Das Jahr 1968 als Kommunikationsereignis

Ingrid Gilcher-Holtey hat wie nur wenige andere „1968" zu ihrem zentralen Thema erkoren. Aus ihrer Feder liegt eine ganze Reihe gewichtiger Studien dazu vor[1], wobei ich insbesondere ihre Darstellung „1968. Eine Zeitreise" hervorheben möchte, da hier überzeugend „1968" als internationales Phänomen herausgearbeitet wird[2]. Einige Überlegungen dieses Buches greift Ingrid Gilcher-Holtey in ihrer Einleitung zum vorliegenden Band auf, wobei sich die einzelnen Beiträge im Wesentlichen auf die Bundesrepublik konzentrieren.

Worum geht es? In einem von Ingrid Gilcher-Holtey geleiteten Teilprojekt „1968 – ein Kommunikationsereignis", das im Rahmen des Bielefelder Sonderforschungsbereichs „Das Politische als Kommunikationsraum in der Geschichte" betrieben wurde, ist „1968" in Form von „Konstellationsanalysen" untersucht worden. In den Blick kommen

> „die Wirkung der 68er-Bewegung auf ausgewählte kulturelle Institutionen, die Vermittlung der Leitideen der Bewegung in diesen und durch sie sowie die Prägung, die die 68er-Bewegung selbst durch Entwicklungen im Feld der kulturellen Produktion (immanente Entwicklungstendenzen, gegenläufige Interessen, Gelegenheitsstrukturen, Rahmungen)"[3].

Obwohl sich Ingrid Gilcher-Holtey und ihre jungen Mitarbeiterinnen und Mitarbeiter des Problems von Beginn an bewusst waren, wie schwierig es sein würde, kulturelle oder politische Veränderungen dem Wirken einer bestimmten sozialen Bewegung (hier den 68ern) zuzuordnen, gehen sie von der Annahme bestehender „Wechselwirkungen zwischen dem Feld der kulturellen Produktion und dem politischen Feld" aus. Mit Bezug auf Aussagen

[1] Vgl. die Arbeiten oder von Ingrid Gilcher-Holtey herausgegebenen Aufsätze: Die 68er Bewegung. Deutschland – Westeuropa – USA, München 2001, und Vom Ereignis zum Mythos, Frankfurt a. M. 2008.

[2] Ingrid Gilcher-Holtey, 1968. Eine Zeitreise, Frankfurt a. M. 2008.

[3] Ingrid Gilcher-Holtey in der Einleitung zu diesem Band, S. 8; die fogenden Zitate finden sich ebenda, S. 8f.

des französischen Soziologen Pierre Bourdieu formuliert Ingrid Gilcher-Holtey als Prämisse des Bandes die Absicht, den kulturpolitischen Diskurs der 68er (sowohl intern als auch extern) darauf hin abzuklopfen, inwieweit „etablierte Sehweisen“ aufgebrochen wurden und dadurch eine „Horizont-Verschiebung“ eingeleitet wurde, die – möglicherweise – zu einer „Wahrnehmungsrevolution“ geführt hat.

2. Das Projekt „1968 – ein Kommunikationsereignis" in Resümees

Vermessen wird ein weit gespanntes Feld. Gegenstände der einzelnen Arbeiten sind die Zeitschrift „Kursbuch“, die politischen Auseinandersetzungen im Theater, die Konflikte um die „journalistische Selbstbestimmung“, die Rolle des Fernsehens, die Interessengegensätze zwischen Verlegern und Autoren und ihre Auswirkungen, schließlich der Kampf um die Erinnerung der 68er-Bewegung in deutsch-französischer Perspektive[4].

Den Auftakt macht Henning Marmulla, der Hans Magnus Enzensberger und das „Kursbuch“ behandelt. Nach einem theoretischen Vorspann – auf den weiter unten einzugehen ist – stellt er zunächst das Projekt der „Revue Internationale“ vor, das nie verwirklicht wurde. Laut Marmulla scheiterte das Vorhaben, obwohl allen „Beteiligten die Notwendigkeit einer internationalen Kollektivität bewusst“ gewesen sei, daran, dass die Mehrzahl der Akteure „in der praktischen Arbeit“ die notwendige Reife gefehlt habe[5]. Das von Hans Magnus Enzensberger von 1965 bis 1970 mitherausgegebenen „Kursbuch“ war ein deutsches Projekt, in dem jedoch viele „Themen aus einer internationalen Perspektive wahrgenommen und analysiert wurden“[6]. In seinen Ausführungen konzentriert sich Marmulla sehr stark auf Enzensberger. Er bescheinigt ihm, dass er sich an den Ideen der Neuen Linken orientiert habe und mit Hilfe des Protestes der jungen Intelligenz eine „Wahrnehmungsänderung“ herbeiführen wollte, die „auf weite gesellschaftliche Kreise“ zielte[7]. Deshalb habe sich Enzensberger selbst an den Aktionen

[4] Erschienen sind bisher folgende Arbeiten: Dorothea Kraus, Theater-Proteste. Zur Politisierung von Straße und Bühne in den 1960er Jahren, Frankfurt a.M. 2007; Meike Vogel, Unruhe im Fernsehen. Protestbewegung und öffentlich-rechtliche Berichterstattung in den 1960er Jahren, Göttingen 2011; Henning Marmulla, Enzensbergers Kursbuch. Eine Zeitschrift um 68, Berlin 2011.

[5] S. 19 in diesem Band.

[6] S. 16 in diesem Band.

[7] S. 21 in diesem Band.

der 68er-Bewegung beteiligt. Als diese zerfiel, habe sich Enzensberger von seiner „revolutionären Hoffnung“ verabschieden müssen, gleichwohl habe er – so Marmulla – weiterhin als Schriftsteller nach dem „richtigen Leben“ gesucht. Dies führt Marmulla zu der Schlussfolgerung: „Das, was um ‚68‘ gesucht wurde, muss noch immer gefunden werden.“[8]

Dorothea Kraus betont eingangs, dass für „Teile der APO“ das Theater „eine zentrale Rolle als Element der Mobilisierung nach innen und außen“ gespielt habe. Es habe dazu beigetragen, „politische Themen umzudeuten und eine Politisierung des bisher Unpolitischen zu bewirken“. Aus diesem Grund – so die Verfasserin weiter – sei es an diesem Beispiel möglich, „die Eigenlogik und historische Relevanz der 68er-Bewegung, ihre Mobilisierungsdynamik und Wirkung innerhalb der westdeutschen Wandlungsprozesse in den 1960er Jahren differenziert zu erfassen“[9]. Die Untersuchung selbst konzentriert sich auf vier Themenfelder: die Proteste gegen die Notstandsgesetzgebung im Mai 1968, die Auseinandersetzung „um die Definition eines politischen Theaters“, „*Happening* und Straßentheater als Protestformen der 68er-Bewegung“ sowie die „Demokratisierungsprozesse im Berufstheater ab Ende der 1960er Jahre“[10].

Als Ergebnis der Analysen von Dorothea Kraus kann man – etwas vereinfacht ausgedrückt – feststellen, dass das Verhältnis der APO zum Theater (in seinen verschiedenen Ausprägungen) stets durch „Annäherung und Abgrenzung, Politisierung und Entpolitisierung“ geprägt war[11], wobei die grundlegende Distanz zwischen Theater und 68er-Bewegung letztlich unüberwindbar gewesen sei[12]. Dennoch hält die Verfasserin abschließend fest, dass die „Protestereignisse sowie die Leitideen der APO [....] theaterinterne Auseinandersetzungen über Funktion und Aufgabe des Theaters“ verstärkt und „praktische Impulse für institutionelle Veränderungen“ gegeben hätten[13].

In dem dritten Beitrag erörtert Björn Lück das Problem, inwieweit der Kampf um die „journalistische Selbstbestimmung“, die zahlreiche Redakteure ausgangs der 1960er Jahre gegen die Verleger führten, aus dem Umfeld der Protestbewegung „hervorgewachsen“ und „vorangetrieben“ worden seien[14]. Er untersucht dies in erster Linie am Beispiel des „Spiegel“ und der

[8] S. 27 in diesem Band.
[9] S. 31 in diesem Band.
[10] Ebenda.
[11] S. 40 in diesem Band.
[12] Vgl. S. 36 in diesem Band.
[13] S. 45 in diesem Band.
[14] S. 48 in diesem Band.

„taz“. In der Redaktion des „Spiegel“ begehrten 1964 die Redakteure gegen das Regiment Rudolf Augsteins auf, indem sie eine „demokratische Mitbestimmung der Produzenten“ forderten. Durchzusetzen vermochten sie sich nicht, erreichten jedoch eine Gewinnbeteiligung. Mit der „taz“ gelang hingegen ab 1979 die Gründung einer Zeitung mit einem „selbstverwalteten Verlag“ und damit die Gründung einer „Gegeninstitution“, die bis heute existiert.

Inwieweit jedoch – stellt sich die Frage – waren die geschilderten Vorgänge Ergebnisse der 68er-Bewegung? Die Antwort hierauf ist schwierig, weil „sich die 68er-Bewegung in Reaktion auf die Pressekonzentration andere Ideen auf die Fahne geschrieben“ habe, „als Journalisten und Redakteure“, die die Pressefreiheit mit der Öffentlichkeit nicht teilen wollten[15]. Gleichwohl stellt der Verfasser abschließend fest, dass die 68er-Bewegung „im Sinne einer ‚politischen Gelegenheit‘ Wirkung“ erzielt habe, „und zwar auch dort, wo keine Redakteure, die mal mehr, mal weniger als Akteure der Bewegung charakterisiert werden können“, in den Verlagen arbeiteten[16].

Mit dem Fernsehen rückt Meike Vogel ein Thema in den Fokus, das nicht nur für die öffentliche Wahrnehmung der Protestbewegung von besonderer Bedeutung war, sondern das auch „als Akteur im Kampf um den politischen Raum agierte“[17]. Dies verdeutlicht Vogel insbesondere am Tenor der Berichterstattung, indem sie zeigt, dass sich zahlreiche Beiträge von den Forderungen und Maximen nach „Ruhe und Ordnung“ abgrenzten und „die staatlichen Reaktionen auf die Proteste“ kritisierten[18]. Diese Haltung führt Vogel nicht zuletzt darauf zurück, dass die Fernsehjournalisten durch die Orientierung an der Maxime „Ruhe und Ordnung“ auch ihre eigene „journalistische Freiheit“ bedroht gesehen und sich daher gegen „Beschränkungen und Einwirkungen“ etwa der Rundfunkräte „vehement“ zur Wehr gesetzt hätten[19].

In ihrem Fazit hebt Vogel hervor, dass es in der Fernsehberichterstattung über die 68er zwei Politikverständnisse gegeben habe: „einerseits ein staatsnahes Verständnis“ und „andererseits ein partizipatives Verständnis“. Obwohl sie betont, dass dieser Konflikt nicht unbedingt neu gewesen und in „Teilöffentlichkeiten und intellektuellen Diskursen“ bereits vorher geführt worden sei, weist sie nachdrücklich darauf hin, dass erst die umfängliche

[15] S. 63 in diesem Band.
[16] S. 64 in diesem Band.
[17] S. 66 in diesem Band.
[18] S. 75 in diesem Band.
[19] S. 79 in diesem Band.

Fernsehberichterstattung über die Proteste ausgangs der 1968er Jahre zu neuer „Visualisierung" und einer „massiven Verhandlung innerhalb einer massenmedialen Öffentlichkeit" geführt und damit den Diskurs auf „breiterer gesellschaftlicher Front" durchgesetzt habe. Deshalb kann es für Vogel an der Bedeutung von „1968" keinen Zweifel geben. Denn die damit im Zusammenhang geführten Debatten und Diskurse – so ihre abschließende Feststellung – erreichten „erstmals eine massenmediale breitenwirksame Öffentlichkeit"[20].

Der Beitrag von Claus Kröger wendet sich Vorgängen im Verlagswesen zu. Ausgangspunkt ist der sogenannte Lektorenaufstand bei Suhrkamp gegen Verleger Siegfried Unseld Anfang 1969. Als die Lektoren mit ihrem Vorhaben scheiterten, Unseld eine neue Verlagsverfassung mit größeren Mitbestimmungsrechten für die Lektoren abzuringen, verließen sie Suhrkamp und gründeten den Verlag der Autoren. Hierbei handelte es sich um ein Unternehmen „mit sozialistischem Anspruch in einer kapitalistischen Umwelt", das bis heute existiert[21]. Die Gründungsmitglieder waren durchaus von den Ideen der 68er-Bewegung inspiriert, so dass der Verlag der Autoren, dem „die Vermittlung zwischen Theorie und Praxis in einer selbstverwalteten Organisation" geglückt ist, durchaus als ein Beispiel angeführt werden kann, wo die Umsetzung von Ideen im Umkreis der 68er-Bewegung gelungen ist[22].

Der letzte Beitrag, für den Silja Behre verantwortlich zeichnet, widmet sich dem Kampf um die Erinnerung der 68er-Bewegung und rundet den Themenbogen ab. Dabei fokussiert die Autorin ihre Fragen erstens auf „die Auseinandersetzung um die Möglichkeit von Utopien [für] die Wahrnehmung von ‚68'"; zweitens auf die „Divergenzen [...] innerhalb der 68er-Bewegung", die sich „nach deren Zerfall im Streit um Erfolg oder Scheitern fortsetzten"; drittens untersucht sie, „wer definierte, was von ‚68' erinnert werden sollte" – und dies jeweils in deutsch-französischer Perspektive[23].

Dabei werden Ähnlichkeiten und Unterschiede deutlich. So ist etwa unter Punkt eins festzuhalten, dass sich in beiden Ländern die Diskussion über die Utopie beziehungsweise den Utopieverlust mit der Deutung der 68er-Bewegung als einer eigenen Generation verband. Unter Punkt zwei erfolgt eine Auseinandersetzung mit der These, dass „68" zwar politisch gescheitert, aber kulturell erfolgreich gewesen sei. Dagegen wurde jedoch von Reprä-

[20] S. 81 in diesem Band.
[21] S. 92 in diesem Band.
[22] S. 94 in diesem Band.
[23] S. 96 in diesem Band.

sentanten der Bewegung sowohl in Frankreich als auch in Deutschland eingewandt, dass dies nur gelte, wenn man einen „traditionellen Politikbegriff“ zugrunde lege, nicht jedoch, wenn man das Politikverständnis der 68er-Bewegung als Maßstab heranziehe[24].

Sehr interessant sind die Ausführungen zu Punkt drei, da es hier große Unterschiede zwischen Deutschland und Frankreich gibt. In Deutschland – so die Verfasserin – seien „Bewegungsakteure“ zu „Erinnerungsunternehmern“ geworden. Es gebe daher die Tendenz, dass die „Bewegungsakteure“ danach strebten, die „Deutungshoheit über die eigene Vergangenheit“ und damit über „68“ zu erlangen[25]. Ganz anders in Frankreich, wo es starke Bestrebungen gebe, den „Bewegungsakteuren die Deutungshoheit über die 68er-Bewegung abzusprechen“[26]. Mit Blick darauf stellt Behre abschließend fest, dass die Erinnerungsgeschichte der 68er-Bewegung eine „Kampfgeschichte um das Ende des Horizonts“ sei[27].

3. Kritische Anmerkungen zum Begriffsinstrumentarium der Kommunikations- und Bewegungsforschung

Es gibt keine neuere Gesamtdarstellung zur Geschichte der Bundesrepublik Deutschland, die „1968“ nicht einen gewichtigen Platz einräumt. Dies möchte ich an drei Beispielen kurz demonstrieren. Da ist zunächst auf Manfred Görtemaker zu verweisen, der 1999 die 68er unter der Überschrift „Umgründung der Republik“ abhandelte und den „Ideen von ‚1968‘“ bescheinigte, in die politische Parteienlandschaft eingesickert zu sein und dadurch großen Anteil an den Veränderungen in der Bundesrepublik seit den 1960er Jahren gehabt zu haben[28]. Nicht viel anders fällt das Urteil von Peter Graf Kielmansegg aus. Für ihn ist „1968“ „das Epochenjahr in der Lebensgeschichte der westdeutschen Demokratie“[29]. Obwohl er es für schwierig hält, konkrete Angaben darüber zu machen, wie die „gesellschaftlichen Entwicklungen der siebziger und achtziger Jahre mit der Studentenrevolte der sechziger Jahre“ verbunden sind, ist es für ihn offensichtlich, dass der Studentenprotest

[24] S. 102 in diesem Band.
[25] S. 107 in diesem Band.
[26] S. 108 in diesem Band.
[27] S. 110 in diesem Band.
[28] Manfred Görtemaker, Geschichte der Bundesrepublik Deutschland. Von der Gründung bis zur Gegenwart, München 1999, S. 490.
[29] Peter Graf Kielmansegg, Nach der Katastrophe. Eine Geschichte des geteilten Deutschlands, Berlin 2000, S. 326; das folgende Zitat findet sich ebenda, S. 330.

wesentlich mitgeholfen habe, „bestimmte neue Leitideen, die mit dem einsetzenden Wertewandel an Bedeutung gewinnen mussten, rasch ins Zentrum der gesellschaftlichen Diskussion und dann auch auf die Agenda der Politik zu befördern". Als letztes sei auf Eckart Conze verwiesen, der „1968" nicht nur als „Folge einer fundamentalen Politisierung der westdeutschen Gesellschaft" bewertet, sondern „1968" als „Teil eines Demokratisierungsschubs" bezeichnete, der dieser Entwicklung „zusätzlichen Elan" verliehen habe[30].

Alle drei Autoren nehmen den herausgehobenen Stellenwert von „1968" für die Geschichte der Bundesrepublik als evident an. Problematisch ist jedoch, dass sich der Zusammenhang von 68er-Bewegung und politischem und gesellschaftlichem Wandel leichter behaupten als empirisch nachweisen lässt. Dies trifft allerdings auch für die Spezialliteratur über dieses Thema zu. Die Mehrzahl der in den letzten Jahren in der Bundesrepublik über „1968" erschienenen Veröffentlichungen sieht in der 68er-Bewegung einen geschichtsmächtigen Akteur, dessen Wirkung auf die weitere Entwicklung in der Bundesrepublik nicht überschätzt werden könne[31]. Dagegen stehen jedoch die Bewertungen von Autoren wie Ulrich Herbert und auch Norbert Frei, die in den 68ern lediglich Epigonen der 45er-Generation erblicken und deshalb deren Bedeutung für den politischen und gesellschaftlichen Wandel in der Bundesrepublik vergleichsweise gering veranschlagen[32]. Auch ein Forschungsprojekt des Instituts für Zeitgeschichte, das „1968" in eine längerfristige Perspektive stellt, relativiert den Einfluss der 68er-Bewegung auf die Geschichte der Bundesrepublik[33]. „1968" ist daher noch lange nicht ausdiskutiert, und es stellt sich deshalb die Frage nach dem Stellenwert vorliegender Beiträge für die Diskussion über „68".

Zunächst einmal ist festzuhalten, dass die Relevanz der einzelnen Beiträge durchaus unterschiedlich zu beurteilen ist. Während Meike Vogel mit ihrer Untersuchung über die Rolle des Fernsehens und Dorothea Kraus

[30] Eckart Conze, Die Suche nach Sicherheit. Eine Geschichte der Bundesrepublik Deutschland von 1949 bis in die Gegenwart, München 2009, S. 354.

[31] Eine Übersicht über die im „Jubiläumsjahr" 2008 erschienene Literatur in: Udo Wengst, „1968" – 40 Jahre danach, in: sehepunkte 9 (2009) Nr. 1; www.sehepunkte.de/2009/01/14414.html.

[32] Ulrich Herbert, Liberalisierung als Lernprozess. Die Bundesrepublik in der deutschen Geschichte – eine Skizze, in: ders. (Hrsg.), Wandlungsprozesse in Westdeutschland. Belastung, Integration, Liberalisierung 1945–1980, Göttingen 2002, S. 44–49; ähnlich – aber weniger entschieden – Norbert Frei, 1968. Jugendrevolte und globaler Protest, München 2008, S. 131f.

[33] Udo Wengst (Hrsg.), Reform und Revolte. Politischer und gesellschaftlicher Wandel in der Bundesrepublik Deutschland vor und nach 1968, München 2011.

mit ihren Ausführungen über das Theater sich Phänomenen zuwenden, die direkt große Teile der Gesellschaft in den Diskurs einbezogen, ist dies bei den anderen Beiträgen nur bedingt oder überhaupt nicht der Fall. So ist der Kampf um die journalistische Selbstbestimmung noch von einer größeren Öffentlichkeit wahrgenommen worden, während es sich bei den Ausführungen über das „Kursbuch" und die Gründungsgeschichte des Verlags der Autoren nur um eine reine Intellektuellendebatte beziehungsweise eine mehr oder weniger bedeutsame Arabeske am Rand des Geschehens handelte. Einen Sonderfall stellt der Beitrag von Silja Behre über die Deutung von „68" ex post dar, da er sich auf Deutschland und Frankreich bezieht und damit eine Vergleichsperspektive einnimmt.

Sicherlich kann man die Frage aufwerfen, ob sich nicht andere Themenbereiche angeboten hätten. Zumindest aber wäre es wünschenswert gewesen, dass Ingrid Gilcher-Holtey in der Einleitung zum vorliegenden Band die Themenauswahl begründet hätte. Im Unterschied zu anderen Forschungsprojekten zu „1968" wie etwa „Reform und Revolte" des Instituts für Zeitgeschichte, in denen die Erschließung neuer Quellenbestände von Bedeutung war[34], ist dies für Ingrid Gilcher-Holtey und ihre Mitarbeiterinnen und Mitarbeiter nicht so wichtig. So spielt nur im Beitrag von Meike Vogel die Heranziehung neuer Quellen eine herausgehobene Rolle. Ansonsten setzt das Projekt programmatisch eher auf die Anwendung theoretischer Annahmen und Modelle, mit deren Hilfe weiterführende Erkenntnisse gewonnen werden sollen. Deshalb muss der Band vor allem daran gemessen werden, ob ihm das gelingt. Oder mit anderen Worten: Ist das Begriffsinstrumentarium der Kommunikations- und Bewegungsforschung geeignet, die Wirkung von „1968" für die Geschichte der Bundesrepublik genauer zu bestimmen?

Ingrid Gilcher-Holtey hat im Titel des Bandes „1968" als eine „Wahrnehmungsrevolution" bezeichnet, diese Aussage aber mit einem Fragezeichen versehen. In ihrem bereits erwähnten Buch „1968. Eine Zeitreise" gibt es ein Kapitel, das ebenfalls unter dieser Überschrift steht, jedoch ohne Fragezeichen. Eine expressis verbis bezeichnete Definition des Begriffs findet

[34] Vgl. Patrick Bernhard, Zivildienst zwischen Reform und Revolte. Eine bundesdeutsche Institution im gesellschaftlichen Wandel 1961–1982, München 2005; Bastian Hein, Die Westdeutschen und die Dritte Welt. Entwicklungspolitik und Entwicklungsdienste zwischen Reform und Revolte 1959–1947, München 2006; Anne Rohstock, Von der „Ordinarienuniversität" zur „Revolutionszentrale"? Hochschulreform und Hochschulrevolte in Bayern und Hessen 1957–1976, München 2010; Manfred Kittel, Marsch durch die Institutionen? Politik und Kultur in Frankfurt nach 1968, München 2011; Elisabeth Zellmer, Töchter der Revolte? Frauenbewegung und Feminismus in den 1970er Jahren in München, München 2011.

sich dort nicht. Man geht aber nicht fehl in der Annahme, wenn man sie in folgenden beiden Sätzen zu finden glaubt: Die Neue Linke strebte danach, „die Machtverhältnisse in Staat und Gesellschaft zu ändern, indem sie die Denk- und Wahrnehmungsschemata der Menschen auf den Kopf stellte. Verändern sich die Vorstellungen von der Gesellschaft, so das Credo, dann verändere sich auch die Einstellung zur Gesellschaft und das Handeln in der Gesellschaft.“[35] In ihrer Einleitung zum vorliegenden Band spricht Ingrid Gilcher-Holtey von einer „Politik der Wahrnehmung“ der 68er-Bewegung, die darauf hinausgelaufen sei, mit „performativen, provokativen, direkten Aktionen und der Strategie der ‚begrenzten Regelverletzung‘ [...] die Sehweise auf die etablierte Ordnung zu verändern“[36].

Ansonsten findet sich eine explizite Definition des Begriffs „Wahrnehmungsrevolution“ im vorliegenden Band nur im Beitrag von Hennig Marmulla. Dabei rekurriert er auf Pierre Bourdieu, den er wie folgt paraphrasiert: Die Wahrnehmung der Welt werde bestimmt „durch die im politischen Feld artikulierten und umkämpften Deutungsangebote der darin konkurrierenden Akteure“[37]. Dem liegt ein weiter Politikbegriff zugrunde, der insbesondere darauf abhebt, dass das Politische aus kommunikativen Aushandlungsprozessen resultiere und so einem ständigen Prozess der Redefinition unterliege, der im Ergebnis zu Wahrnehmungsveränderungen, Wahrnehmungsverschiebungen oder auch Wahrnehmungsrevolutionen führe.

In zwei anderen Beiträgen wird ebenfalls mit dem Begriff der Wahrnehmung hantiert. Dorothea Kraus tut dies, ohne ihn zu definieren oder gar zu problematisieren. So stellt sie lediglich lapidar fest: „Leitideen und Deutungsmuster müssen wahrnehmbar sein, um wirksam zu werden.“[38] Etwas anders stellt sich die Sache bei Silja Behre dar. Während sie Wahrnehmung einerseits im landläufigen Sinne verwendet, bezieht sie sich an anderer Stelle auf das Konzept des Wahrnehmungsprogramms, wie es Pierre Bourdieu definiert hat. Er bezeichnet damit „rituelle Ausdrucksformen“, die „mit einem bestimmten Anspruch auf symbolische Autorität“ eine „bestimmte Vorstellung von der sozialen Welt“ durchzusetzen suchen[39]. Das gängige Wahrnehmungsprogramm für „68“, das das politische Scheitern

[35] Gilcher-Holtey, 1968, S. 203.
[36] S. 9 in diesem Band.
[37] S. 14 in diesem Band.
[38] S. 38 in diesem Band.
[39] Pierre Bourdieu, Was heißt sprechen? Zur Ökonomie des sprachlichen Tausches, Wien ²2005, S. 100.

und den kulturellen Erfolg der Protestbewegung gegenüberstellt, will Silja Behre mit einem Erinnerungsbegriff in Anlehnung an Maurice Halbwachs überwinden. Diese Erinnerungskonstruktion zielt darauf ab, in den „Wahrnehmungskonkurrenzen nicht nur die Zeitebenen Gegenwart und Vergangenheit aufeinander [zu] beziehen, sondern zugleich immer auch die Zukunft zu definieren“[40].

Ein zweiter Begriff, der zunächst leitmotivisch eingeführt, dann aber nicht definiert und auch kaum angewandt wird, ist die „Horizont-Verschiebung“ oder auch Grenzverschiebung. Soweit ich sehe, benutzen ihn lediglich Ingrid Gilcher-Holtey in der Einleitung, Björn Lück im Zusammenhang mit Journalisten der Protestbewegung, die eine „‚Horizont-Verschiebung‘ im Bereich kognitiver Möglichkeitsräume“ betrieben hätten[41], und Silja Behre am Ende ihres Beitrags, in dem sie von einer „Kampfgeschichte um das Ende des Horizonts“ spricht.

Das ist alles sehr abstrakt formuliert, und es bleibt die Frage unbeantwortet, was denn inhaltlich jeweils gemeint ist. Um es deutlicher zu formulieren, so vermisse ich, um die oben angegebene Definition von Ingrid Gilcher-Holtey aufzugreifen, in der Mehrzahl der Beiträge konkretere Angaben, wie sich in den jeweils untersuchten Bereichen die „Vorstellungen von der Gesellschaft“, die „Einstellung zur Gesellschaft und das Handeln in der Gesellschaft“ verändert und ob diese nur vorübergehend oder auf Dauer Wirkung erzielt haben. Zudem erschließt sich mir in den meisten Fällen nicht der Zusammenhang zwischen den theoretischen Überlegungen und den jeweiligen empirischen Analysen. Oder anders ausgedrückt: Die Mehrzahl der Untersuchungen käme oder kommt auch ohne das programmatisch eingeführte, aber nicht inhaltlich ausgefüllte oder durchgängig angewandte Begriffsinstrumentarium aus.

Ingrid Gilcher-Holtey hat wiederholt darauf hingewiesen, dass sich „die Bestimmung des Einflusses sozialer Bewegungen auf politische, soziale und kulturelle Entwicklungen […] einer direkten Zuschreibung“ entziehe, „sich ihr eigenständiger Beitrag nur schwer isolieren lässt“[42]. Das ist auch ihren Mitarbeiterinnen und Mitarbeitern bewusst. So leitet etwa Björn Lück sein Fazit mit dem Satz ein: „Wirkungen einer sozialen Bewegung zu untersuchen, ist eine analytische und methodische Herausforderung.“[43] Ob alle Autorinnen und Autoren dieser Herausforderung gerecht geworden sind, ist zumindest

[40] S. 109 in diesem Band.
[41] S. 53 in diesem Band.
[42] Gilcher-Holtey, 1968, S. 206.
[43] S. 63 in diesem Band.

zweifelhaft. Die Kommunikations- und Bewegungsforschung mit ihrem spezifischen Begriffsinstrumentarium stößt sehr schnell an Grenzen. Auch hier bleibt es meist bei recht allgemein gehaltenen, ungefähren Zuschreibungen. So liefern die vorliegenden Beiträge gewissermaßen lediglich Indizien für den Zusammenhang von „1968“ und bestimmten politischen und gesellschaftlichen Wandlungsprozessen, wobei das Gewicht der Indizien durchaus unterschiedlich sein kann. Auch deshalb wird die Diskussion um „1968“ weitergehen. Der vorliegende Band ist ein weiterführender Beitrag hierzu, da er politische und gesellschaftliche Bereiche ausleuchtet und Intellektuellendiskurse offenlegt, die bisher nicht im Fokus der Betrachtungen standen.

Oldenbourg Verlag

Oldenbourg Wissenschaftsverlag ist ein Unternehmen von De Gruyter

Tim Szatkowski

Gaddafis Libyen und die Bundesrepublik Deutschland 1969 bis 1982

2013 | 135 S. | broschiert | € 16,80
ISBN 978-3-486-71870-6

Zeitgeschichte im Gespräch, Bd. 15

Wirkten die wirtschaftlichen und politischen Beziehungen der Bundesrepublik zu Libyen systemstabilisierend?

Seit 1969 intensivierte die Bundesrepublik ihre wirtschaftlichen, aber auch ihre politischen Beziehungen zu Libyen unter der Herrschaft von Muammar al-Gaddafi. Tim Szatkowski analysiert das deutsch-libysche Verhältnis während der Kanzlerschaft von Willy Brandt und Helmut Schmidt. Der Autor geht dabei der Frage nach, welche Motive so schwer wogen, dass die sozial-liberale Koalition Menschenrechtsverletzungen und die offenkundige Verstrickung Libyens in den internationalen Terrorismus weniger beachtete, als man dies hätte erwarten können. Auf der Basis erstmals ausgewerteter Akten des Auswärtigen Amts kann heute eine differenzierte Antwort gegeben werden.

Tim Szatkowski, geboren 1976, ist wissenschaftlicher Mitarbeiter am Institut für Zeitgeschichte München – Berlin bei der Edition »Akten zur Auswärtigen Politik der Bundesrepublik Deutschland«.

Bestellen Sie in Ihrer Fachbuchhandlung
oder direkt bei uns: Tel: 0521/9719-323
Fax: 0521/9719-137 | oldenbourg@cvk.de

www.degruyter.com/oldenbourg

Philipp Gassert

„1968" als Wahrnehmungsrevolution

Eine kluge These, die umfassender untersucht werden müsste[1]

1. Zum historischen Ort von 1968

Ende der 1960er Jahre hatte sich die westdeutsche Gesellschaft wie auch die amerikanische, französische, italienische und fast alle westlichen Gesellschaften so weitgehend liberalisiert, dass die von den Protestereignissen um 1968 ausgehenden Schocks in den folgenden Jahrzehnten allmählich absorbiert werden konnten[2]. Darüber zerbrach, bei allem Streit in der Sache, der breite gesellschaftliche Grundkonsens nicht, auch wenn sich dann einige wenige Mitglieder der APO und 1968er radikal außerhalb des bundesrepublikanischen Großkonsenses stellten[3]. Daher lässt sich bei allen Unterschieden in der individuellen Bewertung der Ereignisse als Quintessenz aus der jüngsten Forschung festhalten, dass die massiven soziokulturellen Transformationsprozesse der „dynamischen Zeiten" der ersten Nachkriegsjahrzehnte im Kontext der gesellschaftlichen Auseinandersetzungen mit den Protesten rund um 1968 produktiv verarbeitet wurden[4]. Das gilt ungeachtet der Belastungen, die derartige gesellschaftliche Konflikte unweigerlich mit sich bringen[5].

[1] Für Anmerkungen und Kritik danke ich Reinhild Kreis (Augsburg).

[2] Vgl. u. a. Axel Schildt/Detlef Siegfried/Karl Christian Lammers (Hrsg.), Dynamische Zeiten. Die 60er Jahre in beiden deutschen Gesellschaften, Hamburg 2000; Christina von Hodenberg/Detlef Siegfried (Hrsg.), Wo „1968" liegt. Reform und Revolte in der Geschichte der Bundesrepublik, Göttingen 2006; Norbert Frei, 1968. Jugendrevolte und globaler Protest, München 2008; Martin Klimke/Joachim Scharloth (Hrsg.), 1968 in Europe. A History of Protest and Activism, 1956–1977, Houndsmills 2008.

[3] Auch vor diesem Hintergrund überzeugt in der langen Perspektive die in den 1970er und 1980er Jahre oft geäußerte Kritik – z.B. von Hermann Lübbe, Endstation Terror. Rückblick auf lange Märsche, Stuttgart 1982 – nicht. In der Debatte über den Terrorismus wird ein Randphänomen mit allen gesellschaftlichen Folgen gleichgesetzt.

[4] Zur Forschung vgl. Philipp Gassert, Das kurze „1968" zwischen Geschichtswissenschaft und Erinnerungskultur: Neuere Forschungen zur Protestgeschichte der 1960er-Jahre, in: http://hsozkult.geschichte.hu-berlin.de/forum/2010-04-001.

[5] Dass Konflikt letztlich verbinden kann, ist die These von Georg Simmel, Der Streit, in: ders., Soziologie. Untersuchungen über die Formen der Vergesellschaftung, Berlin 1923, S. 186–255, hier S. 187; zur Kritik Carsten Stark, Die Konflikttheorie von Georg Simmel, in: Torsten Bonnacker (Hrsg.), Sozialwissenschaftliche Konflikttheorien. Eine Einführung, Wiesbaden [4]2008, S. 83–96.

In diesem Sinne positioniert sich Ingrid Gilcher-Holtey in der Einleitung zu diesem Band: „Wer die ‚langen 60er Jahre' gegen eine 68er-Forschung ausspielt, die die soziale Bewegung ins Zentrum rückt, führt ein Scheingefecht."[6] Sie macht damit erneut gegen eine Auffassung Front, die in einem der früheren Bände dieser Reihe schon einmal Gegenstand einer Kontroverse zwischen ihr und Udo Wengst war. Letzterer polemisierte dort seinerseits gegen die in der Forschung in den 1990er Jahren oft vertretene Auffassung, 1968 sei eine nachgerade epochale Zäsur gewesen. Das überschätze die Rolle der APO maßlos, das Verhältnis von „Reform und Revolte" müsse neu überdacht werden[7]. Doch im Vergleich zur frühen Berliner Republik der 1990er Jahre, als sich viele bundesdeutsche Intellektuelle in kritischer Manier gegen 1968 positionierten und dabei oft direkte Wirkungszusammenhänge zwischen 1968 und der mit zeitgenössisch hoher Emphase verkündeten „Umgründung" der Republik postulierten[8], klingt diese Sicht der umgründenden Wirkungen von 1968 von heute betrachtet naiv. Sie wird von der Geschichtswissenschaft kaum noch geteilt. Gilcher-Holtey wie Wengst sind sich einig, dass 1968 nicht ohne die im Laufe der 1960er Jahre einsetzenden gesellschaftlichen Wandlungsprozesse gedacht werden kann.

Die Aufgabe künftiger Forschung sollte daher weniger darin bestehen, weiter unermüdlich nach den weitgehend aufgeklärten Entstehungszusammenhängen von 1968 im Kontext der Transformationsprozesse der Sixties zu fragen, sondern die Perspektive chronologisch länger zu ziehen, und zwar in meiner Einschätzung bis in die 1980er und 1990er Jahre[9]. Nur so werden

[6] S. 8 in diesem Band.

[7] Vgl. Udo Wengst, Einleitung zu: ders. (Hrsg.), Reform und Revolte. Politischer und gesellschaftlicher Wandel in der Bundesrepublik Deutschland vor und nach 1968, München 2011, S. 7–10, hier S. 8, sowie die von Wengst in seinem Kommentar zu diesem Band zitierte ältere Forschung der 1990er Jahre.

[8] Vor allem Manfred Görtemaker, Geschichte der Bundesrepublik Deutschland. Von der Gründung bis zur Gegenwart, München 1999, S. 490; in der jüngeren Literatur Eckart Conze, Die Suche nach Sicherheit. Eine Geschichte der Bundesrepublik Deutschland von 1949 bis in die Gegenwart, München 2009, S. 354.

[9] Für erste Ansätze in diese Richtung vgl. Sven Reichardt/Detlef Siegfried (Hrsg.), Das Alternative Milieu. Antibürgerlicher Lebensstil und linke Politik in der Bundesrepublik Deutschland und Europa 1968–1983, Göttingen 2010; Axel Schildt/Detlef Siegfried (Hrsg.), Between Marx and Coca-Cola. Youth Cultures in Changing European Societies, 1960–1980, New York 2006; zum generellen Kontext vgl. Anselm Doering-Manteuffel/Lutz Raphael, Nach dem Boom. Perspektiven auf die Zeitgeschichte seit 1970, Göttingen 2008; Konrad Jarausch (Hrsg.), Das Ende der Zuversicht. Die siebziger Jahre als Geschichte, Göttingen 2008.

die transformierenden Wirkungen der Protestereignisse der späten 1960er Jahre sichtbar oder auch nicht. In diesem Sinne wirft Gilcher-Holtey die vertrackte Frage nach dem kausalen *impact* von 1968 auf. Ungeachtet übrigens der konstruktivistischen geschichtstheoretischen Prämissen des Projekts fragt auch sie (in moderat „realistischer Manier“) im Kern nach den Wirkungen sozialer Bewegungen, um deren „eigenständigen Beitrag“ zu erfassen, wobei es vor allem darum geht, „sie als strukturierten und strukturierenden Faktor im Prozess sozialen Wandels zu analysieren“[10]. Nur sollten diese Wirkungen Gilcher-Holtey zufolge „monokausaler Zuschreibung“ entzogen werden (die in der Forschung indes kaum noch so vorgenommen werden), indem präzis benannte Konstellationen des Wandels vor allem im Kontext kultureller Institutionen und Aktivitäten analysiert werden: in Zeitschriften (Henning Marmulla), Theater (Dorothea Kraus), Journalismus (Björn Lück), Fernsehen (Meike Vogel), Verlagswesen (Claus Kröger) und Erinnerungskultur (Silja Behre).

Damit wird der inzwischen schal wirkende Streit um die Zurechnung und die Wirkungen von 1968 zwar nicht ganz beendet, aber doch die Debatte auf einen neuen Schauplatz verlagert. Diesen eröffnet Gilcher-Holtey mit der von ihr so benannten „Wahrnehmungsrevolution“, die durch 1968 ausgelöst worden sei[11]. Sie möchte einen Paradigmenwechsel der Forschung einleiten, indem sie – kongenial zum Bielefelder SFB „Das Politische als Kommunikationsraum in der Geschichte“, aber auch der neueren Forschung zur Kultur- und Kommunikationsgeschichte der Proteste um 1968[12] – den Begriff des Politischen konsequent anders fasst als dies in der bisherigen 68er-Forschung bisher weit überwiegend der Fall war. Das unterläuft das zum Gemeinplatz geronnene Aperçu der 1990er Jahre elegant, 1968 sei „kulturell erfolgreich“ gewesen, aber „politisch gescheitert“[13]. In Anlehnung an das Politikverständnis der Neuen Linken, die eine veränderte Sichtweise von Politik und Gesellschaft propagierte und Ideen stärker akzentuierte als (materielle) Produktionsverhältnisse, das fantasievolle Experiment und die

[10] S. 8 in diesem Band.

[11] Es versteht sich inzwischen von selbst, dass 1968 als Chiffre für die Protestereignisse um 1968 zu nehmen ist, was im Wesentlichen die von der studentischen Linken getragene außerparlamentarische Opposition der späten 1960er Jahre meint. Daher werden in diesem Text auch die Anführungszeichen weggelassen. Zu den begrifflichen Abgrenzungen Gassert, Das kurze „1968“.

[12] Martin Klimke/Joachim Scharloth (Hrsg.), Handbuch 1968 zur Kultur- und Mediengeschichte der Studentenbewegung, Stuttgart 2007.

[13] Wolfgang Kraushaar, Achtundsechzig. Eine Bilanz, Berlin 2008, S. 286.

(angeblich sanfte) Revolution der Lebens- und Kommunikationsformen über die gewaltsam revolutionäre Umverteilung in Klassenkämpfen stellte, und damit die Bewusstseinsveränderung vor die Veränderung des Seins stellte, sei 1968, so die zentrale These des Projekts, eine „Wahrnehmungsrevolution“ gewesen[14].

So erfreulich aus geschichtswissenschaftlicher Perspektive das Anknüpfen an den Quellen und dem Wahrnehmungshorizont der Akteure von „1968“ auch ist, so wirft das doch als eine erste Rückfrage auf, ob die These von der „Wahrnehmungsrevolution“ der 1968er als analytischer Zugang ausreichend Distanz zwischen Untersuchungsobjekt und normativem Verständnis der Akteure legt: Die hier abgedruckten Einzelbeiträge konzentrieren sich zum Teil doch stärker auf das hermeneutisch-verstehende Nachvollziehen der zeitgenössischen Perspektive als auf analytisch-erklärendes Zerlegen des Wandels. Indem die Protagonisten der Neuen Linken um 1968 das Subjekt des historischen Wandels neu definierten, sodass nicht mehr Klassenkämpfe, sondern soziale Bewegungen das Bewusstsein revolutionierten, hätten sie rückblickend ihr Scheitern quasi von Anfang an einkalkuliert beziehungsweise sich im Laufe der 1970er und 1980er Jahre gegen derartige Kritik immunisiert. Hier stellt sich als zweite kritische Nachfrage in Bezug auf das Gesamtprojekt, ob diese Bescheidenheit in Bezug auf die Ziele, die sich erst in den 1970er Jahren allmählich abzeichnete, und das neue Politikverständnis, das sich als Folge der Debatten über das angebliche politische Scheitern von 1968 durchsetzte, von Anfang an so gegeben waren. Schließlich ist drittens nachzufragen, ob hier tatsächlich eine „Revolution“ gesellschaftlicher Wahrnehmungsmuster stattfand, oder ob 1968 nicht als Teil eines längerfristigen Prozesses des „Wandels“ gesellschaftlicher Ordnungsvorstellungen und des Selbstverständnisses der Menschen hin zu einer umfassenderen Demokratisierung verstanden werden muss, die sich aber keineswegs revolutionär über Nacht ereignete[15]. Wie in Bezug auf den ähnlich konstruierten Begriff der „Kulturrevolution“ müsste deutlicher werden, dass „Revolution“ hier keinesfalls einen plötzlichen Umsturz bedeutete, sondern einen längerfristigen Transformationsprozess.

Mein Eindruck ist, dass entgegen den hier vorgelegten, für sich beeindruckenden empirischen Befunden, die sich mit den Verlagen, Theatern und so weiter auf Arenen außerhalb des aktivistischen Kerns der APO rund

[14] Vgl. Ingrid Gilcher-Holtey, 1968. Eine Zeitreise, Frankfurt a. M. 2008, S. 201 ff.
[15] Vgl. Philipp Gassert, Narratives of Democratization: 1968 in Postwar Europe, in: Martin Klimke/Joachim Scharloth (Hrsg.), 1968 in Europe. A History of Protest and Activism, 1956–1977, Houndsmills 2008, S. 307–324.

um den SDS beziehen, doch wesentliche Teile der Neuen Linken noch lange an dem ursprünglichen Anspruch festhielten, dass „Utopie machbar“ sei, und zwar im Sinne einer sehr konkreten, an den klassischen revolutionären Vorbildern orientierten „Philosophie der Tat“. Zeitgenössisch zielte das schon auf den raschen Wandel institutioneller Strukturen und gesellschaftlicher Machtverhältnisse ab[16]. Was ein Enzensberger frühzeitig programmatisch formulierte, galt für den durchschnittlichen „Protestbewegten“ um 1968 so wohl eher nicht. Hier müsste in Bezug auf die einzelnen Projekte noch präzisiert werden, wie sich die kulturelle Avantgarde und die Höhenkammliteratur der führenden Intellektuellen à la Enzensberger zu den mentalen Einstellungen der großen Mehrheit der APO-Mitglieder verhielt, die sich in den Straßen zu Protestzügen formierten. Diese hatten doch diese in der Regel hoch theoretischen Ansätze oft nur wenig durchdacht und rezipiert. Wie verhält sich also die Ex-post-Betrachtung eines „Wahrnehmungswandels“ zum zeitgenössischen Bewusstsein des revoltierenden Individuums, das womöglich ein sehr viel handfesteres Verständnis von revolutionärem Wandel besaß[17]?

Ein Grundzug fast aller hier abgedruckten Beiträge ist, dass sie chronologisch relativ eng um die Jahre um 1968 kreisen und nur partiell (vor allem Kröger, Behre, am Rande auch Marmulla) bis in die späten 1970er Jahre vordringen. Das heißt, sie bilden überwiegend die Entfesselung einer kritischen Haltung in den 1960er Jahren ab; sie stellen Bezüge zum soziokulturellen Wandel in den 1960er Jahren her; sie fragen nach den Konflikten rund um die APO und die Proteste der Zeit im Kontext der jeweiligen Fallbeispiele; doch sie bleiben – mit Ausnahme von Behre – aufgrund der chronologischen Engführung die Antwort nach den längerfristigen Wirkungen letztlich schuldig. Da es sich um überschaubare Fallstudien handelt, hätten diese chronologisch wenigstens für den Zweck dieses Bandes weiter ausgedehnt werden können. Im Kern wird die These von der Wahrnehmungsrevolution, die, wie gesagt, besser Wahrnehmungswandel genannt werden sollte, bestenfalls in ihren Entstehungszusammenhängen und auf der intentionalen Ebene belegt. Hinzu kommt, dass sich die Fallstudien die übergeordnete Terminologie nur zögerlich zu eigen machen. Meines Erachtens hätte der Untersuchungszeitraum wenigstens bis in die 1980er Jahre ausgedehnt werden müssen, um gesellschaftlichen Wandel und die Durchsetzung neuer Formen der Wahr-

[16] Vgl. den Rückblick von Peter Mosler (Hrsg.), Was wir wollten, was wir wurden. Studentenrevolte zehn Jahre danach, Reinbek 1977.
[17] Vgl. Gerd Koenen, Das rote Jahrzehnt. Unsere kleine deutsche Kulturrevolution 1967–1977, Köln 2001.

nehmung sozialer Wirklichkeit abzubilden. Darin sehe ich einen Schwachpunkt des Projektdesigns, das dieses aber mit vielen anderen Forschungen zu 1968 und zu den „langen 1960er Jahren“ teilt[18]. Oft erfolgt eine Integration in längerfristige historische Linien jenseits der 1970er Jahre zögerlich, brechen Untersuchungen um 1973 ab.

2. Zu den Fallstudien

Die Einzelstudien, deren Auswahl wie stets bei drittmittelfinanzierten Projekten auch mit den Unwägbarkeiten des Antragsprozesses und der zeitnahen Verfügbarkeit von qualifizierten Bearbeiterinnen sowie einer realisierbaren Quellenbasis zu tun hat, greifen trotz eines durch einen SFB vorgegebenen Rahmens durchaus mit eigensinniger Perspektive das Projekt „Wahrnehmungsrevolution“ auf: Die Beiträge von Henning Marmulla zu Enzensbergers „Kursbuch“, von Claus Kröger zum Verlag der Autoren und von Silja Behre zur Erinnerung an 1968 im deutsch-französischen Vergleich beschäftigen sich primär mit Intentionen und internen Debatten innerhalb der Neuen Linken und ihr nahe stehender Intellektueller. Mit Ausnahme von Behre, die die retrospektive Debatte über 1968 untersucht, und der Arbeit von Vogel, die die Fernsehberichterstattung analysiert, stehen die typischen Protestereignisse um 1968 (etwa Osterunruhen, Anti-Notstandsdemonstrationen) nicht im Fokus der Arbeiten. Indes gehen die Untersuchungen von Dorothea Kraus zum Theater, Björn Lück zu journalistischen Verbänden und Meike Vogel zum Fernsehen auf etablierte institutionelle Kontexte ein und verlassen damit die Binnenperspektive der sozialen Bewegungen um 1968. Dies ist für sich genommen ein wichtiger Fortschritt in der Forschung, nämlich die Integration des Establishments[19].

Dieses Ausgreifen der Beiträge von Kraus, Lück und Vogel auf gesellschaftliche Bereiche jenseits gegenkultureller Gründungen der Neuen Linken ist von entscheidender Bedeutung, um Fragen nach den durch 1968 ausgelösten Horizontverschiebungen zu beantworten. Kraus stellt für das Theater fest, dass zeitgenössische Autoren und Kritiker wie Hellmuth Karasek wie

[18] Von den 1968 breiter kontextualisierenden Arbeiten enden viele in den frühen 1970er Jahren; vgl. etwa Detlef Siegfried, Time Is on My Side. Konsum und Politik in der westdeutschen Jugendkultur der 60er Jahre, Göttingen 2006; Christina von Hodenberg, Konsens und Krise. Eine Geschichte der westdeutschen Medienöffentlichkeit, 1945–1973, Göttingen 2006.

[19] Vgl. Katrin Fahlenbrach u.a. (Hrsg.), The Establishment Responds. Power, Politics, and Protest since 1945, London 2011.

selbstverständlich davon ausgingen, dass „ein Funke“ übergesprungen sei und es eine direkte Wirkung der Proteste auf das Theater gebe. Demgegenüber sei die historisch-analytische-Zurechnung „selbst innerhalb eines relativ eng umrissenen Gegenstandsbereichs wie das Berufstheater nur als reflektierte Annäherung“ möglich. Neben der APO seien andere Faktoren sozialen Wandels zu berücksichtigen, wie gesellschaftliche Reformdiskurse über Selbstverwaltung und Demokratisierung. Diese Ansprüche wiederum kollidierten mit der Alltagsrealität des Theaterbetriebs. Bald rückte man von radikalen Forderungen nach einer *autogestion* zugunsten von praktikableren Formen der Mitbestimmung ab.

Holte die Realität auch die Reformer ein, so sind doch die mobilisierenden Wirkungen der Theaterkritik und des engagierten Theaters auf die APO und die Proteste der späten 1960er Jahre nicht zu unterschätzen. Seit den frühen 1960er Jahren hatte sich ein neuer Stil der Inszenierungen etabliert, das Programm der Politikferne wurde aufgegeben. Die Ideologie der Werktreue galt nun als obsolet. Änderten sich auch Form und Inhalt einer sich als politisch verstehenden Kunst, so blieb in der Institution Theater strukturell grundsätzlich vieles beim Alten, wurden doch vor allem Mitbestimmungsregelungen nach wenigen Jahren wieder rückgängig gemacht. Indes habe die Demokratisierung, so das Fazit von Kraus, vor allem im Umgang zwischen Direktion und Schauspielern, aber auch in der Aufführungspraxis und der Interaktion mit dem Publikum direkte Wirkungen gezeigt. Leider führt Kraus auch in ihrem Buch nur wenige Belege für die Veränderung der internen Kultur der Theater an, etwa die Verflachung von Hierarchien[20]. Ihre Quellen sind überwiegend zeitgenössische programmatische Aussagen und spätere Erinnerungen von Akteuren. Daher nimmt sie zum Teil die Behauptung des Wandels für den Beweis. Die These klingt plausibel, dass die Institution der Theater sich nicht radikal veränderte, hingegen aber der (interne und externe) theatrale Kommunikationsprozess: Das Theater verstand sich nun als „Diskussionspartner der Gesellschaft“[21]. Was das genau heißt, wäre aber in der mittelfristigen Perspektive noch zu zeigen. Fazit: Die Kultur des Theaters wandelte sich, der angestammte institutionelle Rahmen blieb im Großen und Ganzen erhalten.

Kraus' eher skeptisches Resümee in Bezug auf die Wirkungen von 1968 im Theater, sofern dieses als gesellschaftliche Institution verstanden wird, bestätigt auch Krögers Beitrag zum Verlag der Autoren. Sein knappes Fazit

[20] Dorothea Kraus, Theater-Proteste. Zur Politisierung von Straße und Bühne in den 1960er Jahren, Frankfurt a. M. 2007, S. 347.

[21] Vgl. S. 41 in diesem Band.

zur Revolte im Verlagswesen fällt „ernüchternd" aus: Wenig sei von den Mitbestimmungsmodellen und Demokratisierungsbestrebungen übrig geblieben. Der Aufstand der Lektoren bei Rowohlt und Suhrkamp scheiterte an den übermächtigen Verleger-Patriarchen, denen prominente, der APO und der Neuen Linken politisch nahe stehende beziehungsweise ihr angehörende Autoren wie Peter Weiss die Treue hielten. Sie wanden sich und zögerten eine Entscheidung hinaus, wie ein sehr bezeichnender Briefwechsel zwischen Unseld und Weiss illustriert. Weiss sprang nicht ab, ließ sich von Unseld zurück gewinnen, weil er auf eine „grundstürzende Revolution" wartete. Bis dahin wollte Weiss seine „Angriffe gegen den Kapitalismus und Imperialismus auf breitester Basis" publizieren, sprich beim Auflage garantierenden und kommerziell attraktiven Suhrkamp-Verlag[22]. Kritik an der Machtfülle der Verleger war schnell abgefeuert. Doch die größere Herausforderung war der Aufbau neuer Strukturen. Als eine „Gegeninstitution" zum herkömmlichen Betrieb wollte der Verlag der Autoren im Geist von 1968 Gegenöffentlichkeit schaffen. Er wuchs dabei zu einem florierenden Unternehmen heran, aber nur, indem er eine bestimmte Nische besetzte und sich auf das Verlegen von Theaterstücken konzentrierte. Der Verlag hält sich bis heute. Er blieb eine Ausnahme und hat sich auch aufgrund der langen Amtszeiten eines der führenden Lektoren de facto zu einer Institution mit weitgehender Mitbestimmung entwickelt, aber nicht mit radikaler Selbstverwaltung.

In die gleiche Kerbe schlägt Björn Lück, der die Auseinandersetzungen um die journalistische Selbstbestimmung in den 1960er Jahren analysiert. Auch hier wurde reichlich Kritik „aus dem Geist von 1968" an der „Textherrschaft" der Verleger geübt. Der „Spiegel"-Herausgeber Rudolf Augstein machte seinen Mitarbeitern Ende 1969 sogar ein revolutionär großzügiges Angebot, indem er sie zu Teilhabern des Verlags zu machen versprach und dies 1973 auch tatsächlich umsetzte. Durch (ökonomische) Mitbeteiligung wurde die Forderung nach weitgehender (redaktioneller) Mitbestimmung unterlaufen. Augstein kaufte im wahrsten Sinne des Wortes den Redakteuren den Schneid ab und konnte so seine Kompetenzen und autonomen Entscheidungsspielräume wahren. Lücks Darstellung zieht sich dankenswerterweise bis in die 1970er Jahre, indem er das Experiment der „taz" gegen das von Augstein verwirklichte Modell stellt. Auch diese journalistische Gegengründung aus dem „Geist von 1968" hat sich erfolgreich auf dem Pressemarkt etablieren können. Ein bemerkenswertes Modell von Mitbestimmung

[22] S. 90 in diesem Band.

wurde entwickelte, wobei es hier intern viel „Knatsch“ gab. Die „taz“ blieb, wie der Verlag der Autoren, ein Nischenprodukt, das ein überwiegend linksliberales Publikum erreicht und damit nicht als repräsentativ für eine breite Verschiebung gesellschaftlicher Wahrnehmungshorizonte verstanden werden kann. Lück resümiert mit dem kaum zu widerlegenden Satz, dass es „eine analytische und methodische Herausforderung“ sei, Wirkungen sozialer Bewegungen zu untersuchen. Letztlich bleibt er damit aber die eine Antwort schuldig, worin sich die neue Wahrnehmung des Sozialen in der Gesellschaft nun zeigte.

Marmulla geht schon im Titel seines Beitrags direkt auf den generellen theoretischen Rahmen des Projekts ein, indem er das von Hans Magnus Enzensberger begründete „Kursbuch“ als primäres Medium einer „doppelten Wahrnehmungsrevolution“ interpretiert. Das „Kursbuch“ sei hierbei sowohl „Forum“ als auch „Produzent einer Wahrnehmungsrevolution“ gewesen[23]. Im Zusammenspiel mit der außerparlamentarischen Bewegung sei es darum gegangen, eingefahrene Unterscheidungsmuster wie die Einteilung der Welt in Ost und West (Kommunismus und Kapitalismus), nationalstaatliche Grenzen, oder den Gegensatz „von Literatur und dem Politischen“ zu nivellieren. Enzensberger war ein gewisser Erfolg nicht abzusprechen, denn die sozialen Bewegungen um 1968 konnten für eine Weile tatsächlich hoffen, dass sich die Hauptachse der Weltgeschichte von ost-westlicher in nord-südlicher Richtung verschoben habe[24]. Das änderte sich in den späten 1970er Jahren, als der Kalte Krieg mit Vehemenz auf die politische Bühne zurückkehrte. Was Marmulla dabei mit erheblichem Theorieaufwand unter Bezug auf Bourdieu als These formuliert, dass nämlich die Wahrnehmung der Welt bewusst verändert werden sollte, beschränkt sich indessen auf die Ebene der Protagonisten rund um Enzensberger, ohne dass der Autor die postulierten breiteren gesellschaftlichen Wirkungen, auf die es Enzensberger ja angekommen sein muss, näher analysiert. Marmulla bleibt, bei aller theoretischen Brillanz seines Ansatzes, einer Neu-Linken Binnensicht verhaftet. Er untersucht Intentionen, nicht Folgen[25].

Auch Silja Behre springt leider zu kurz. Ihr Beitrag bleibt die Antwort auf die umfassendere, von Gilcher-Holtey aufgeworfene Frage nach der gesellschaftlichen Wahrnehmungsrevolution ebenfalls schuldig. Das hängt wie

[23] S. 14 in diesem Band; das vorstehende Zitat findet sich auf S. 63.

[24] Vgl. Quinn Slobodian, Foreign Front. Third World Politics in Sixties West Germany, Durham 2012.

[25] Das gilt auch für das Buch, das den Rahmen ebenfalls nicht deutlich weiter zieht; vgl. Henning Marmulla. Enzensbergers Kursbuch. Eine Zeitschrift um 68, Berlin 2011.

bei den anderen Autorinnen und Autoren mit der Quellenbasis und der Analyseebene zusammen. Silja Behre zeigt in ihrem methodisch anspruchsvollen und gut dokumentierten deutsch-französischen Vergleich, wie aus Bewegungsakteuren „Erinnerungsunternehmer" wurden, wie die „Alt 68er" eine Art „Vergangenheitsverwaltung" (ein glücklicher Begriff) etablierten, wie konkrete Persönlichkeiten bestimmte Deutungsmuster über Kongresse und Publikationen verbreiteten und wie unterschiedlich und damit letztlich offen dieser Prozess in den beiden Ländern verlief. Dabei kommt sie zu dem spannenden Fazit, dass in Deutschland ehemalige Aktivisten die Deutungshoheit über 1968 sehr viel stärker behaupten konnten als in Frankreich. Warum dies so war, wird aber nicht erklärt, nicht einmal thesenhaft zugespitzt darüber nachgedacht. Es ist schade, dass Behre schnell zu allgemeinen theoretischen Ableitungen zur Dynamik der Konstruktion von Erinnerungsprozessen übergeht und so ein starkes Argument zur gesellschaftlichen Fernwirkung von 1968 verschenkt.

Was bei Behre wie in den übrigen Teilstudien auffällt, ist der weitgehende Verzicht auf einen knappen Abgleich eines doch im Wesentlichen internen Deutungskonflikts um 1968 mit dem Kampf um die Deutung jenseits der Kreise ehemaliger Protagonisten und ihnen nahe stehender Publizisten und Intellektueller. Selbstverständlich ist so etwas im Rahmen einer einzelnen Fallstudie nicht zu leisten. Aber für die Beiträge zu dem vorliegenden Band, der Zeitgeschichte ins Gespräch bringen will, hätten wenigstens konkrete Hypothesen zum *impact* für die weitere Forschung formuliert werden können, wie sich etwa die Vorstellung der politisch gescheiterten, aber kulturell erfolgreichen Revolution aus den hier analysierten Kontexten der 68er heraus weiter verbreiten konnte, oder woran sich ein gesellschaftlicher Wahrnehmungswandel tatsächlich zeigt. „Gesellschaftlich" muss hier aber heißen, um es noch einmal zu betonen: auch außerhalb der Neuen Linken[26]. Letztlich kann auch Behre nur konstatieren, dass die etablierte Aufspaltung der Bewegungen von 1968 in „politische" und „kulturelle" Folgen eine Geschichte hat und Teil „ständiger Redefinitionsprozesse" von 1968 ist. Unklar bleibt, was genau das für eine Redefinition des Politischen im umfassenderen Kontext jenseits der politischen Avantgarden besagt.

Hier hilft der Beitrag von Meike Vogel ein Stück weiter. Sie wendet in ihrer Analyse der Fernsehberichterstattung den Blick von außen auf „1968".

[26] Wie dies etwa Frank Bösch für die CDU vorgeschlagen hat; Frank Bösch, Macht und Machtverlust. Die Geschichte der CDU, Stuttgart 2001, S. 94ff., sowie Klaus Schönhoven, Wendejahre. Die Sozialdemokratie in der Zeit der Großen Koalition 1966–1969, Bonn 2004, S. 267ff. und S. 534ff.

Sie betont in mir plausibel erscheinender Weise, „dass das Fernsehen nicht allein als Vermittler der Proteste, sondern als Akteur im Kampf um den politischen Raum agierte“[27]. Die Arbeit knüpft an mediengeschichtliche Ansätze des letzten Jahrzehntes an, wonach Formen der medialen Kommunikation letztlich als Teil des Ereignisses selbst zu verstehen sind und nicht als etwas davon Separiertes und Externes[28]. Stärker aber als die Autorinnen und Autoren der übrigen Teilstudien kann Vogel so Aussagen darüber treffen, wie diese Ausweitung und Neudefinition des Politischen mit der Visualisierung der Proteste, denen der öffentlich-rechtliche Rundfunk der Bundesrepublik im Vergleich zum französischen Staatsfernsehen übrigens sehr viel Raum gab, dazu beitragen konnte, dass „sich auf breiterer gesellschaftlicher Front“ durchsetzte, „was in den Jahren zuvor bereits innerhalb von Teilöffentlichkeiten diskutiert worden war“. Die Debatten um 1968 hätten vorher bereits angelegten Diskursen „erstmals eine massenmediale breitenwirksame Öffentlichkeit“ verschafft[29]. Wie dies dann aber über 1968 in ein neues gesellschaftliches Verständnis des Politischen übersetzt wurde, bleibt letztlich auch hier offen.

3. Fazit

In der Summe beschäftigen sich die gut recherchierten und für sich genommen historisch aufschlussreichen und quellengesättigten Fallstudien mit unterschiedlichen Initiativen, denen es darum ging, eine neue Wahrnehmung von Gesellschaft und Politik zu etablieren, indem sie auf Gegenmodelle sowohl zum herkömmlichen politischen Betrieb als auch zu eingefahrenen Wegen in kulturellen Institutionen setzten. Gut sichtbar wird, wie sich die revolutionäre Unruhe um 1968 in das soziale Gefüge der hier untersuchten institutionellen Kontexte einschrieb. Indes liegen die Fallbeispiele zum Teil etwas entfernt vom Kern der sozialen Bewegungen um 1968. Sie behandeln überwiegend für 1968, aber auch für die Gesellschaft als Ganzes partiell randständige Bereiche (Ausnahme: Theater, Journalismus, Fernsehen). Das ist a priori kein Nachteil, denn sozialer Wandel schlägt sich in allen Segmenten der Gesellschaft mehr oder weniger stark nieder. Um Wahrnehmungswandel in seinen Wirkungen abzuschätzen, können Unter-

[27] S. 66 in diesem Band.

[28] Zu den entsprechenden theoretischen Ansätzen die Einleitung der Druckfassung, Meike Vogel, Unruhe im Fernsehen. Protestbewegung und öffentlich-rechtliche Berichterstattung in den 1960er Jahren, Göttingen 2010, S. 8ff.

[29] S. 80f. in diesem Band.

suchungen zum Fernsehen oder zu einem Nischenprodukt wie dem Verlag der Autoren fruchtbare Untersuchungsfelder sein. Insofern ist Randständigkeit kein Kriterium zur Falsifizierung des Ansatzes[30].

Ein konzeptionelles Problem in Hinblick auf das Generalthema und die generelle Frage des Projekts nach dem Wandel gesellschaftlicher Selbstperzeptionen ist die chronologische Beschränkung auf die Jahre um 1968. Das gilt auch für den programmatischen Band 1968 – Eine Zeitreise von Gilcher-Holtey, in dem sie die Terminologie der Wahrnehmungsrevolution schon einmal ausführlicher verwendet hatte[31]. Viele der hier geäußerten Kritikpunkte treffen auch diesen Band, weil er 1968 chronologisch eng führt, die Begrifflichkeit der Akteure historisch nicht durchbricht, sowie das Ausstrahlen von 1968 auf die 1970er und 1980er, bis eventuell sogar in die 1990er Jahre, nicht untersucht[32]. Das ist ein grundsätzliches Manko des Projektdesigns, dass der These des gesellschaftlichen Wandels durch eine von 1968 ausgelöste Wahrnehmungsrevolution ein relativ kurzer Untersuchungszeitraum gegenübersteht. Was daher durchgängig nicht geleistet werden kann, ist die breitere soziale Einwurzelung der von Gilcher-Holtey einleitend postulierten, in Bezug auf ihren stärker evolutionären Charakter missverständlich titulierten Wahrnehmungsrevolution[33]. Es bleibt daher die Wirkungsgeschichte von 1968 im Kontext einer gewandelten Wahrnehmung des Sozialen und des Politischen noch offen. Das Anregungspotential des Bielefelder Projekts ist hoch. Es sollte von künftiger Forschung entsprechend genutzt werden.

[30] So aber Wengst in seinem Kommentar zu diesem Band.
[31] Vgl. Gilcher-Holtey, Zeitreise, S. 8ff. und S. 201–207.
[32] Vgl. meine ausführlichere Kritik: Das „kurze" 1968.
[33] Die eben besser als „Wahrnehmungswandel" bezeichnet werden sollte.

Abkürzungen

ACDP	Archiv für Christlich-Demokratische Politik, Sankt Augustin
AfS	Archiv für Sozialgeschichte
APO	Außerparlamentarische Opposition
APuZ	Aus Politik und Zeitgeschichte
ARD	Arbeitsgemeinschaft der öffentlich-rechtlichen Rundfunkanstalten der Bundesrepublik Deutschland
BRD	Bundesrepublik Deutschland
CDU	Christlich-Demokratische Union
Co.	Compagnie
ČSSR	Tschechoslowakische Sozialistische Republik
DAAD	Deutscher Akademischer Austauschdienst
DDR	Deutsche Demokratische Republik
Dep.	Depositum
DFS	Fernsehprogrammkonferenz Deutsches Fernsehen
DM	Deutsche Mark
DRA	Deutsches Rundfunkarchiv
e.V.	eingetragener Verein
GDBA	Genossenschaft Deutscher Bühnen-Angehöriger
GmbH	Gesellschaft mit beschränkter Haftung
HA	Historisches Archiv
KG	Kommanditgesellschaft
KZfSS	Kölner Zeitschrift für Soziologie und Sozialpsychologie
NATO	North Atlantic Treaty Organization
NDR	Norddeutscher Rundfunk
NS	Nationalsozialismus, nationalsozialistisch
RDP	Reichsverband der deutschen Presse
SDS	Sozialistischer Deutscher Studentenbund
SFB	Sender Freies Berlin
SPD	Sozialdemokratische Partei Deutschlands
SWR	Südwestrundfunk
taz	tageszeitung
TU	Technische Universität
TV	Television
USA	United States of America
WDR	Westdeutscher Rundfunk

Autorinnen und Autoren

Silja Behre M.A. (1983), DAAD-Lektorin an der Université Paris VII-Diderot.

Dr. Philipp Gassert (1965), Professor für die Geschichte des europäisch-transatlantischen Kulturraums an der Universität Augsburg.

Dr. Ingrid Gilcher-Holtey, Professorin für Allgemeine Geschichte unter besonderer Berücksichtigung der Zeitgeschichte an der Universität Bielefeld.

Dr. Dorothea Kraus (1974), Referentin des Präsidenten der Stiftung Haus der Geschichte der Bundesrepublik Deutschland.

Claus Kröger (1968), Mitarbeiter im Programm „Richtig einsteigen" (Qualitätspakt Lehre) an der Abteilung Geschichtswissenschaft der Universität Bielefeld.

Björn Lück (1979), Referendar im Schuldienst.

Dr. Henning Marmulla (1976), Lektor im Suhrkamp Verlag, Berlin.

Dr. Meike Vogel (1972), Programmkoordinatorin im Programm „Richtig einsteigen" (Qualitätspakt Lehre) an der Universität Bielefeld.

Dr. Udo Wengst (1947), 1992 bis 2012 stellvertretender Direktor des Instituts für Zeitgeschichte München – Berlin, seit 1996 Honorarprofessor für Zeitgeschichte an der Universität Regensburg.

Zeitgeschichte im Gespräch

Band 1
Deutschland im Luftkrieg
Geschichte und Erinnerung
D. Süß (Hrsg.)
2007. 152 S. € 16,80
ISBN 978-3-486-58084-6

Band 2
Von Feldherren und Gefreiten
Zur biographischen Dimension des Zweiten Weltkriegs
Ch. Hartmann (Hrsg.)
2008. 129 S. € 16,80
ISBN 978-3-486-58144-7

Band 3
Schleichende Entfremdung?
Deutschland und Italien nach dem Fall der Mauer
G.E. Rusconi, Th. Schlemmer, H. Woller (Hrsg.)
2. Aufl. 2009. 136 S. € 16,80
ISBN 978-3-486-59019-7

Band 4
Lieschen Müller wird politisch
Geschlecht, Staat und Partizipation im 20. Jahrhundert
Ch. Hikel, N. Kramer, E. Zellmer (Hrsg.)
2009. 141 S. € 16,80
ISBN 978-3-486-58732-6

Band 5
Die Rückkehr der Arbeitslosigkeit
Die Bundesrepublik Deutschland im europäischen Kontext 1973–1989
Th. Raithel, Th. Schlemmer (Hrsg.)
2009. 177 S. € 16,80
ISBN 978-3-486-58950-4

Band 6
Ghettorenten
Entschädigungspolitik, Rechtsprechung und historische Forschung
J. Zarusky (Hrsg.)
2010. 131 S. € 16,80
ISBN 978-3-486-58941-2

Band 7
Hitler und England
Ein Essay zur nationalsozialistischen Außenpolitik 1920–1940
H. Graml
2010. 124 S. € 16,80
ISBN 978-3-486-59145-3

Band 8
Soziale Ungleichheit im Sozialstaat
Die Bundesrepublik Deutschland und Großbritannien im Vergleich
H.G. Hockerts, W. Süß (Hrsg.)
2010. 139 S. € 16,80
ISBN 978-3-486-59176-7

Band 9
Die bleiernen Jahre
Staat und Terrorismus in der Bundesrepublik Deutschland und Italien 1969–1982
J. Hürter, G.E. Rusconi (Hrsg.)
2010. 128 S. € 16,80
ISBN 978-3-486-59643-4

Band 10
Berlusconi an der Macht
Die Politik der italienischen Mitte-Rechts-Regierungen in vergleichender Perspektive
G.E. Rusconi, Th. Schlemmer, H. Woller (Hrsg.)
2010. 164 S. € 16,80
ISBN 978-3-486-59783-7

Band 11
Der KSZE-Prozess
Vom Kalten Krieg zu einem neuen Europa 1975–1990
H. Altrichter, H. Wentker (Hrsg.)
2011. 128 S. € 16,80
ISBN 978-3-486-59807-0

Band 12
Reform und Revolte
Politischer und gesellschaftlicher Wandel in der Bundesrepublik Deutschland vor und nach 1968
U. Wengst (Hrsg.)
2011. 126 S. € 16,80
ISBN 978-3-486-70404-4

Band 13
Vor dem dritten Staatsbankrott?
Der deutsche Schuldenstaat in historischer und internationaler Perspektive
M. Hansmann
2., durchgesehene Aufl. 2012
113 S., € 16,80
ISBN 978-3-486-71785-3

Band 14
Das letzte Urteil
Die Medien und der Demjanjuk-Prozess
R. Volk
2012. 140 S. € 16,80
ISBN 978-3-486-71698-6

Band 15
Gaddafis Libyen und die Bundesrepublik Deutschland 1969 bis 1982
T. Szatkowski
2013. 135 S., € 16,80
ISBN 978-3-486-71870-6